La nave di Teseo +

Charles Pépin
La fiducia in se stessi

Una filosofia

Traduzione di Sergio Arecco

La nave di Teseo +

Titolo originale: *La Confiance en soi. Une philosophie*

Published by special arrangement with Allary Éditions in conjunction with their duly appointed agent 2 Seas Literary Agency and co-agent The Ella Sher Literary Agency

ISBN 978-88-9344-651-8

Prima edizione La nave di Teseo / Baldini+Castoldi novembre 2018

Per Victoria, Marcel e Georgia
Perché per aver fiducia mi basta guardarvi.
Fiducia in me stesso. Nella vita. E soprattutto in voi.

Sommario

Introduzione 11

1. Coltivate i legami giusti. La fiducia relazionale 17

2. Allenatevi. Pratica della fiducia 35

3. Ascoltatevi. Confidare nella propria intuizione 57

4. Meravigliatevi. Quando la bellezza ci dà fiducia 73

5. Decidete. La fiducia nel dubbio 85

6. Mettete le mani in pasta. Fare per ritrovare fiducia in se stessi 99

7. Passate all'azione. Agire per prendere fiducia 111

8. Ammirate. Fiducia ed esemplarità 123

9. Rimanete fedeli al vostro desiderio. L'antidoto alla crisi di fiducia 135

10. Confidate nel mistero. La fiducia nella vita 145

Conclusione 167

Appendice
Le opere che hanno fatto questo libro 171
Indice dei nomi 187

Introduzione

Stamattina hanno tolto le rotelline. Dall'alto dei suoi quattro anni, la bambina inforca la bicicletta e si lancia sotto il sole. Il padre le corre dietro, appoggiandole una mano sulla schiena e l'altra sulla sella. La piccola pedala sempre più in fretta, stringendosi al manubrio. Il padre la incoraggia: "Pedala senza fermarti", "guarda avanti", "perfetto!" Il padre lascia andare la sella. La bambina prende velocità. E rimane bene in equilibrio, tiene la strada senza l'aiuto del padre. Quando se ne accorge, grida di gioia e corre ancora più spedita. Si sente libera, leggera: perché ha fiducia.

Ma in che cosa, esattamente?

Nelle sue capacità? Nel padre? In questo momento di felicità famigliare?

La fiducia in se stessi è una cosa che s'intuisce, che dipende da un'alchimia. È il frutto della combinazione di più fattori. Le strade che conducono all'esito desiderato sono differenti ma, una volta acquisita, essa sostiene ciascuno di noi nella stessa maniera. Esiste un'unica fiducia in se stessi, ma esistono modi diversi per conquistarla.

Madonna è un animale da palcoscenico, un'artista che ha saputo reinventarsi nel corso dell'intera vita. Eppure è stata una ragazza timida, straziata dalla morte della madre quando lei aveva appena cinque anni. Dove ha trovato, allora, la forza per imporsi?

Patrick Edlinger è uno dei pionieri del free climbing, un artista che ha saputo reinventarsi nel corso dell'intera vita. Quando si arrampicava in solitudine, i suoi gesti erano talmente fluidi che sembrava danzare in cima al vuoto. Passava da una presa all'altra con una grazia folle. Senza tremare. Qual era il suo segreto?

Quando un pilota atterra di notte su una portaerei esegue la manovra praticamente alla cieca, a una velocità di duecentocinquanta chilometri all'ora, su una pista lunga non più di trecento metri. Come fa a non avvertire la paura?

In mezzo al traffico, nel caos provocato da un incidente, il medico del servizio d'emergenza deve percepire all'istante la gravità delle condizioni di ciascun ferito, in modo da stabilire delle priorità in termini d'intervento. Come fa a non sbagliare?

E i musicisti che improvvisano davanti a folle oceaniche? I tennisti ai quali non trema la mano quando servono per il match? Gli studenti che il giorno dell'esame si presentano in uno stato di forma ottimale? Tutti coloro, uomini e donne, che hanno il coraggio di prendere in mano la propria vita, dove attingono la fiducia in se stessi? Qual è l'elemento che li accomuna?

Può farci ancora da guida la bimba sulla bicicletta a cui sono state tolte le rotelline. La sua fiducia attinge a tre fonti specifiche.

La prima: il padre. Non si lancia da sola, ma insieme a lui, grazie a lui. La fiducia in se stessi è una fiducia nell'altro.

La seconda: le sue capacità. Ha fatto tesoro – su come pedalare, su come reggere il manubrio – dei consigli del padre. Ha acquisito una competenza, senza la quale nulla sarebbe possibile. La fiducia in se stessi è una fiducia nelle proprie capacità.

La terza, non meno essenziale: la gioia che sopraffà la bambina quando prende velocità è qualcosa di più della semplice soddisfazione di avere imparato ad andare in bicicletta. È una gioia più globale, più profonda, una gioia che suona come un ringraziamento alla vita. La fiducia in se stessi è una fiducia nella vita.

E a proposito della fiducia in se stessi ritroveremo sempre, a livelli diversi e sotto le più varie forme, questi tre requisiti: la fiducia nell'altro, la fiducia nelle proprie capacità e la fiducia nella vita. D'altronde, tutto muove da qui: bisogna riuscirci coltivando la fiducia di un bambino, e dando fiducia non si sa bene a che cosa.

"La fiducia è la capacità infantile di volgersi verso ciò che non si conosce come se lo si conoscesse," scrive con estrema eleganza Christian Bobin. Noi abbiamo una coscienza dei rischi e dei pericoli che non avevamo invece da bambini, quando, sulla nostra bicicletta, ci lanciavamo nella corsa per la prima volta. E siamo ansiosi perché siamo lucidi. Ma questa lucidità non deve in alcun modo allentare la nostra audacia, la nostra capacità di osare. Avere fiducia equivale a serbare il proprio cuore fanciullo, un'anima di bambino in una mente di adulto.

È l'epoca in cui viviamo a richiederlo. Nelle società tradizionali ciascuno occupava il proprio posto. Nessun bisogno di fiducia in se stessi, quando è la nascita a decidere tutto, quando non c'è niente da conquistare. Viceversa, la modernità fa di noi degli esseri liberi, responsabili del nostro destino. Spetta a noi, adesso, attuare i nostri progetti, provare il nostro valore e costruire la nostra felicità: spetta a noi inventare la nostra vita. Il che necessita di un presupposto: avere fiducia in se stessi.

Come se fosse semplice! Non è mai stato tanto importante come oggi avere fiducia in se stessi, eppure non è mai stato tanto difficile come oggi costruire una tale fiducia. Riparare il motore della propria auto o fabbricare una scala poteva, un tempo, alleviare un patimento. Nutrire la propria famiglia con i soli legumi del proprio orto poteva, un tempo, appagare il cuore di un uomo. Oggi, passare le proprie giornate in riunione o a rispondere a sfilze di mail non esercita più quelle virtù. Abbiamo perso il contatto essenziale con le cose. I nostri sistemi di produzione sono talmente sofisticati che non sappiamo più quali operazioni stiamo eseguendo. Accreditiamo dei *processi*, ma stentiamo a dare un nome al nostro mestiere. Nella nostra esistenza iperconnessa, ma così lontana dal "fare" più elementare, ci mancano le occasioni concrete per nutrire una piena fiducia. E il nostro compito è proprio quello di ritrovare il fondamento sul quale costruire quella fiducia.

A illuminarci saranno i percorsi di Madonna, Patrick Edlinger, George Sand, John Lennon, Serena Williams o di altri: fiduciosi non si nasce, si diventa. La fiducia in se stessi è sempre una conquista, paziente, difficile. Che può essere, a volte, quando la padronanza che acquisiamo di noi stessi culmina in una forma di distacco, motivo di gioia profonda.

Per chiarire il mistero della fiducia in se stessi, faremo ricorso alla sapienza antica e alla lezione di filosofi moderni come Emerson, Nietzsche o Bergson. Pensatori che, spesso, affrontano il tema in maniera indiretta: ossia, ci parlano di fiducia meditando sulla libertà, sull'audacia, sulla soggettività. Per farlo dovremo dunque cercare anche altrove: nell'opera di psicologi come Boris Cyrulnik o di psicoanalisti come Jacques Lacan, o di ricercatori e pedagoghi, oppure nell'esperienza di sportivi, piloti di caccia o medici di pronto intervento, o ancora nelle parole dei poeti o nelle visioni dei grandi mistici.

La fiducia in se stessi è una questione così cruciale nelle nostre esistenze che non può essere oggetto di una sola disciplina. Per comprenderne i molteplici aspetti, non occorre bussare alla porta di un laboratorio, ma osservarne l'evoluzione nella vita vera, guardarla nascere e crescere, adottarne il ritmo stesso e seguirne i movimenti, le esitazioni e le uscite di pista, correre al suo fianco come si corre al fianco di un bambino che è lì lì per cadere, poi recupera l'equilibrio e alla fine prende lo slancio.

1. Coltivate i legami giusti
La fiducia relazionale

La dolcezza è invincibile.
Marco Aurelio

La fiducia in se stessi deriva in primo luogo dagli altri. È un enunciato apparentemente paradossale, ma vero. Il neonato umano è infinitamente fragile, totalmente dipendente. Durante i primi mesi non può vivere in autonomia. Il semplice fatto che sopravviva è la prova che di lui si sono fatti carico altri esseri umani. La fiducia in se stessi è dunque, innanzitutto, una fiducia in loro: la fiducia in se stessi è, in primo luogo, una fiducia nell'altro.

E abbiamo un tale bisogno degli altri perché nasciamo tutti prematuri. Secondo gli embriologi, alle cellule dell'embrione occorrerebbero circa venti mesi per giungere a piena maturazione. Lo aveva già notato Aristotele: noi nasciamo incompiuti. Come se la natura non avesse funzionato a dovere, non avesse terminato la sua opera e ci avesse gettato troppo presto nell'arena della vita, più deboli e disarmati di qualsiasi altro mammifero. Nasciamo senza saper camminare, e ci impiegheremo mediamente un anno a imparare. Quando invece al puledrino occorrono solo poche ore, a volte pochi minuti, per iniziare a saltellare. Come sarebbe possibile, con premesse del genere, avere fiducia in se stessi?

Per cui compensiamo la nostra deficienza naturale tramite la cultura: la famiglia, l'aiuto reciproco, l'educazione. Grazie alla nostra predisposizione al rapporto umano, ci adoperiamo a completare quell'opera che la natura ha lasciato incompiuta, a conquistare quella fiducia che la natura non ci ha dato.

A poco a poco, il bambino prenderà coscienza di se stesso in forza dei legami intessuti con gli altri, delle cure che gli vengono prodigate, dell'attenzione di cui è oggetto, dell'amore senza riserve che riceve. Il piccolo percepisce che un tale amore non è condizionato da quanto va apprendendo e assimilando: è amato per ciò che è, non per ciò che fa. Ecco il fondamento più solido di quella fiducia in se stesso che maturerà in seguito. Essere stati amati e accuditi in questo modo ci dà una forza che durerà per tutta la vita.

La conquista della fiducia in se stessi ha dunque inizio combattendo quello che Freud ha chiamato "angoscia infantile". Perché, da un lato, l'adolescente è desideroso di partire per andare alla scoperta del vasto mondo e, dall'altro, l'adulto fiducioso nelle proprie forze riesce a concretizzare i propri progetti? Innanzitutto perché hanno avuto entrambi la fortuna di trovare, nel corso dei primi anni della loro esistenza, nel periodo che Boris Cyrulnik definisce delle "interazioni precoci", quella "sicurezza interiore" di cui gli psicologi sottolineano l'importanza.

A differenza dell'autostima, che rinvia al giudizio che noi emettiamo circa il nostro valore, la fiducia in se stessi chiama in causa il nostro rapporto con l'azione, la nostra capacità di "farcela" a dispetto dei dubbi, di rischiare malgrado la presenza di un mondo complesso. E, per trovare il coraggio di avventurarsi verso l'esterno, occorre una "sicurezza interiore".

Nel suo saggio magistrale sullo "stadio dello specchio", Jacques Lacan descrive i primi istanti della coscienza di sé del bambino. Il quale, sebbene di pochi mesi – tra i sei e i diciotto, in media –, riconosce già se stesso nello specchio. Ma che cosa accade, esattamente, la prima volta? Il bambino è in braccio a un adulto, che lo pone davanti allo specchio. Non appena il piccolo crede di riconoscersi, si gira verso l'adulto e gli rivolge, con gli occhi, la domanda: ma sono io? Sono proprio io? L'adulto gli risponde con un sorriso, uno sguardo o poche sillabe. Lo *rassicura*: sì, sei proprio tu. Le implicazioni filosofiche di questa prima volta sono immense: tra me e me stesso, l'altro è lì fin dall'inizio. Ho coscienza di me stesso solo attraverso di lui. Il bambino confida in ciò che vede nello specchio solo perché confida nell'altro. È negli occhi degli altri che cerca la sicurezza interiore; è negli occhi degli altri che cerca se stesso.

Un'esperienza analoga è stata realizzata con i macachi, scimmie geneticamente molto vicine a noi. Ed è un'esperienza rivelatrice della loro intelligenza: essi utilizzano molto presto lo specchio per osservare parti del loro corpo che non possono vedere altrimenti, come la schiena o il sedere. Tuttavia, davanti allo specchio, non si volgono verso gli altri macachi presenti sul posto: non interrogano i loro simili con lo sguardo. I macachi sono certo animali sociali, che imparano molto dagli altri, ma, per potersi sviluppare, non dipendono come noi dalle relazioni reciproche. Non sono esseri relazionali come noi. Noi invece, senza gli altri, non potremmo sviluppare la nostra umanità; noi, senza gli altri, non potremmo diventare quello che siamo.

Osservate i bambini selvaggi, i bambini abbandonati dalla nascita, raccolti e cresciuti da animali (orsi, lupi, maiali...) e ritrovati anni dopo. Come mostra il film di François Truffaut *Il ragazzo selvaggio*, l'assenza di relazioni con altri umani ha bloccato il loro sviluppo. Impauriti come bestie braccate, incapaci di imparare a parlare, sembrano completamente perduti per l'umanità. Nel migliore dei casi, con pazienza, con dolcezza, gli specialisti che si fanno carico di tali bambini riescono a tessere pochi fragili legami con loro, aiutandoli a realizzare solo qualche piccolo progresso. Bambini siffatti acquisiranno una forma alquanto precaria di fiducia in se stessi, destinata a dissolversi non appena gli si presenterà la più piccola avversità. Secondo la terminologia della psicologia moderna, i bambini selvaggi soffrono di una mancanza di "attaccamento" con l'umanità. Da giovanissimi non hanno sviluppato forme di attaccamento verso altri esseri umani che li avrebbero protetti, rassicurati, che avrebbero parlato loro e li avrebbero presi in considerazione. Privati della "sicurezza interiore" procurata dall'attaccamento, per loro è ormai impossibile trovare quella minima fiducia grazie alla quale il mondo e gli altri potrebbero non apparire ostili.

A parere di psichiatri come John Bowlby o Boris Cyrulnik, se un bimbo di due anni è in grado di rivolgere il buongiorno a uno sconosciuto che entra in casa sua, di sorridergli, di corrergli incontro per parlargli o toccarlo, significa che in lui è presente in misura sufficiente quella sicurezza interiore che lo rende capace di affrontare la novità. Le sue figure di contatto gli hanno procurato abbastanza fiducia perché riesca ad allontanarsene il giusto per avvicinarsi allo sconosciuto.

Un'educazione è riuscita quando gli "alunni" non hanno più bisogno dei loro maestri, quando hanno sufficiente fiducia in se stessi per sopportare l'allontanamento da chi li ha educati. Facendo qualche passo in direzione dello sconosciuto, il piccolo inizia già a volare per conto suo. Gli altri gli hanno dato fiducia, quindi tocca a lui, ora, passare all'azione e mostrarsene degno. E, per prendere slancio, fa leva sull'amore, sull'attenzione che riceve dalla famiglia, ovvero da chi lo sta crescendo.

I primi anni sono quindi decisivi, anche se, per nostra fortuna, possiamo stringere relazioni che ci diano fiducia in ogni età della vita. Se non abbiamo avuto l'opportunità di maturare appieno quella sicurezza interiore che è appannaggio dell'ambiente affettivo in cui cresciamo, non è comunque mai troppo tardi per tessere i legami che ci mancano. Ma ciò presuppone la piena conoscenza di se stessi, in modo da essere consapevoli delle proprie carenze e della necessità di compensarle.

Madonna Louise Ciccone è inizialmente una bambina timida, priva di ogni fiducia in se stessa. All'età di cinque anni perde la madre, affetta da un cancro al seno, e vive male il fatto che il padre abbia avuto in fretta altri bambini da un'altra donna. La bambina stenta a trovare, nel nuovo ambiente famigliare, un proprio spazio. Fin da piccola studia il pianoforte e la danza classica, ma con la sensazione di essere poco dotata, di fare troppa fatica. Durante l'adolescenza, iscritta dalla madre acquisita a una scuola cattolica di Detroit, ha tuttavia l'occasione d'incontrare Christopher Flynn, un insegnante di danza che le cambierà la vita. Durante le prove di un balletto di fine anno scolastico, Flynn le dice quello che non le ha mai detto, in ogni caso mai usando i termini che usa adesso: lei è bella e talentuosa, e ha un carisma pazzesco. Anni dopo, Madonna ha raccontato come quelle poche parole le abbiano cambiato la vita. Prima non credeva in se stessa. Ora si vede già ballerina sui palcoscenici di New York, si sente rinascere in virtù delle sue sole forze. E nell'interpretazione dello spettacolo di fine anno sorprende tutti, Flynn per primo, ballando con un'energia incredibile... e mezza nuda! È nata Madonna. Prima di Christopher Flynn, aveva avuto altri maestri di pianoforte e di danza. Docenti che le avevano insegnato molte cose, tecniche, metodi... Ma nessuno le aveva mai fatto quel regalo: iniettarle fiducia.

Ricordo un concerto di Madonna a Nizza. Non ho ancora diciotto anni e sono affascinato dalla sua forza scenica, dalla sua maniera di cantare e di ballare, dalla sua libertà. Ricordo quello schermo gigante e il suo viso ingrandito quando canta *Like a Prayer*. Le gocce di sudore che le scendono sugli occhi. Il suo sguardo, il suo sorriso. Con immensa gratitudine. È vero che Madonna è esperta, padrona del campo. La donna che va avanti e indietro sul palco muovendosi in tutte le direzioni ha già alle spalle anni e anni di concerti. Ma il carisma non è mai riconducibile alla semplice esperienza. C'è qualcosa di più che regala grazia e sostanza al personaggio carismatico. Il quale cerca la propria verità negli occhi degli altri, e non smette mai d'inventare, di relazionarsi con gli spettatori. All'epoca, non capivo ancora bene che cosa stessi vedendo su quello schermo gigante. Oggi, quando ripenso al sorriso dialogante di Madonna, credo che la star sarebbe capace di riscoprire nel pubblico, negli altri, nella loro energia, forse anche nel loro amore, quella fiducia che ha scoperto un giorno negli occhi del suo maestro di danza.

Madonna, nella prima infanzia, non ha goduto di alcun senso di sicurezza, ma più tardi ha davvero trovato una compensazione.

E in ogni caso, anche se abbiamo avuto la fortuna di conoscere, fin dai primi anni d'infanzia, il calore di legami rassicuranti, gli incontri successivi, quelli che donano fiducia, saranno altrettanto importanti. Con l'unica differenza che saranno vissuti in modo diverso: ci faranno cioè rivivere, in alcuni momenti decisivi, la grazia di quella fiducia relazionale scoperta all'alba della nostra vita.

Yannick Noah, per esempio, è stato amato dai suoi genitori, Zacharie e Marie-Claire, che si amavano a loro volta e lo hanno accolto con gioia, lo hanno coccolato in ogni modo. Yannick ha undici anni quando incontra il tennista Arthur Ashe – quarto, all'epoca, nella classifica mondiale – durante una delle tournée africane del campione statunitense, in occasione del suo passaggio a Yaoundé, in Camerun. Non solo. Yannick ha la fortuna di palleggiare con Arthur Ashe. Il quale, sorpreso dalla qualità del gioco del ragazzo, gli regala, alla fine della partita, la racchetta. E l'indomani, mentre sta per prendere l'aereo di ritorno, lo vede rispuntare nell'atrio dell'aeroporto, trafelato, con in mano un poster. Il ragazzino gli chiede di firmarlo. E Arthur Ashe non si limita ad autografare il proprio ritratto. Aggiunge un "Arrivederci a Wimbledon!": poche parole che, come Noah avrà modo di raccontare alcuni anni dopo la vittoria al Roland Garros, sono state per lui il regalo più bello. Perché lo hanno elettrizzato, e gli hanno fatto sempre compagnia nel corso della carriera. Gli hanno permesso di credere nella sua buona stella, lo hanno aiutato a diventare un tennista del medesimo livello di Arthur Ashe.

Con personaggi come Madonna o Noah, possiamo valutare appieno come la fiducia in se stessi necessiti, a volte, anche solo di poche efficaci parole, pronunciate da un maestro o da un amico. Parole che, venendo dal cuore, sono sufficienti ad accordare una fiducia durevole nel tempo, valida per tutta la vita.

Di più. Chiunque può accordare fiducia anche senza grandi discorsi o parole d'incoraggiamento. E può farlo semplicemente assegnando un compito…

Dopo una conferenza che ho tenuto in un'azienda sul "mistero della fiducia", una donna mi ha parlato della crisi di fiducia di cui aveva da poco sofferto, dopo il congedo per maternità, e in particolare del modo in cui ne era uscita. Tormentata dall'idea di dover lasciare il bambino, si era sentita infragilita, dubbiosa circa la propria capacità di ritrovare, rioccupando il posto di responsabilità che era suo, la piena efficienza di un anno prima. Appena pochi giorni dopo il suo rientro, era stata convocata dal suo superiore. Si aspettava il peggio. E quale era stata la sua sorpresa quando si era vista invece assegnare un compito della massima importanza! Non le era mai stata affidata una tale responsabilità, e la donna aveva ritrovato immediatamente fiducia in se stessa.

Aristotele ha formulato una definizione molto originale e molto giusta dell'amicizia. Un amico, per l'autore dell'*Etica nicomachea*, è qualcuno che ci rende migliori. A contatto con lui, ci sentiamo bene, facciamo progressi, diventiamo più intelligenti o più sensibili, ci apriamo a dimensioni del mondo o di noi stessi che prima non conoscevamo. L'amico, precisa Aristotele, è colui che ci consente "di attuare le nostre potenzialità": grazie a lui, o, meglio, grazie alla *relazione* che intratteniamo con lui, sviluppiamo realmente, "in atto", quei talenti di cui disponevamo solo "in potenza". Il rapporto d'amicizia fa dunque da stimolo al nostro sviluppo. L'amico non ha bisogno di essere animato da una generosità disinteressata o di ascoltare per ore i nostri lamenti. Se consideriamo il rapporto che abbiamo con lui pienamente costruttivo, positivo per le nostre facoltà creative, capace di farci progredire, allora vuol dire che l'amico è un amico vero: l'amico di tutta la vita. Quindi il nostro insegnante di pianoforte, di danza o di disegno, o il campione sportivo che incontriamo per caso, o il nostro superiore gerarchico può certo diventare nostro amico, ma a una condizione: deve offrirci opportunità di crescita, di sviluppo.

Quando frequentiamo un insegnante di arti marziali, un coach sportivo, un maestro di yoga – altrettanti possibili amici, secondo Aristotele –, noi guadagniamo fiducia in noi stessi, e non solo perché acquisiamo competenze. Sensibili all'attenzione e alla benevolenza di un altro, accompagnati da qualcuno che ci vuole bene, ritroviamo la nostra verità di esseri relazionali. Nel senso che non saranno il nostro maestro di pianoforte o il nostro insegnante di arti marziali a darci fiducia, quanto la relazione che avremo stabilito con loro. La quale s'intratterrà nel tempo attraverso appuntamenti regolari, che scandiranno il ritmo del nostro sviluppo in quella disciplina. Tanto che, ogni volta, avvertiremo in loro la soddisfazione di vederci migliorare, il piacere di motivarci, di sostenerci quando incontriamo difficoltà. A poco a poco, la loro fiducia diventa la nostra fiducia: una reciprocità in cui consiste la dinamica stessa della fiducia, la maniera propriamente umana di apprendere.

Un buon maestro ci pone nelle condizioni di meritare fiducia e ci fa ripetere i gesti giusti, facendoci, nel caso per esempio di un maestro di pianoforte, eseguire correttamente le scale. Dopodiché ci esorta a passare all'atto, iniettandoci fiducia. Quando un altro ci dà fiducia, i due aspetti sono sempre connessi tra loro.

Lavorando al presente libro, ho incontrato un alpinista piuttosto singolare, Érik Decamp. Un laureato del politecnico che ha scalato le più alte cime del mondo, come il monte Ganesh IV, nella catena dell'Himalaya, o la vetta

Shisha Pangma del Tibet in compagnia della moglie, la celebre alpinista Catherine Destivelle. Ma Érik Decamp è anche guida d'alta montagna, vale a dire un professionista della fiducia in se stessi: per esercitare un mestiere del genere è infatti indispensabile avere fiducia in se stessi e saper trasmettere fiducia agli altri, alle persone a cui si fa da guida. Per liberare alcune di loro dalla paura che le attanaglia, Érik Decamp adopera una strategia che pare arrischiata ma che si rivela spesso efficace: quando un partecipante alla scalata si mostra particolarmente ansioso in tutta la fase della preparazione e dell'allenamento che precede la partenza, Érik Decamp finisce, talvolta, per designarlo quale primo alpinista della cordata. E, in genere, questo semplice accorgimento basta per liberare l'ansioso della sua ansia. Dal momento che la guida gli dà fiducia responsabilizzandolo, lui si scopre improvvisamente più forte. Prima, come ha fatto con gli altri partecipanti, Érik Decamp lo ha messo nelle condizioni di meritare fiducia dandogli consigli, istruzioni, facendogli ripetere gesti e comportamenti. Poi gli ha dimostrato che ha meritato fiducia dicendogli di passare davanti agli altri. E, a questo punto, il capocordata farà di tutto per confermare di essere degno della fiducia riposta in lui.

È il punto focale della pedagogia inaugurata da Maria Montessori, fondata sulla benevolenza e sulla fiducia, pedagogia che, oggi, incontra un crescente successo. “Non aiutate mai un bambino a svolgere un compito che egli stesso si sente in grado di eseguire," ripeteva di continuo questa dottoressa e pedagogista italiana. In altri termini: dategli fiducia laddove è possibile. E dargli fiducia non è eseguire un compito al suo posto, è lasciare che lo esegua lui. Ora comprendiamo meglio perché i nostri figli si irritano quando, con la pretesa di insegnare loro come si fa, ma di fatto, sovente, per accelerare l'esercizio in corso, completiamo al posto loro un compito che possono benissimo portare a termine da soli. Hanno ragione di prendersela con noi: perché noi non abbiamo accordato loro sufficiente fiducia.

Ogni genitore, ogni maestro, ogni professore, ogni amico, nel senso di Aristotele, dovrebbe sempre tenere a mente questa duplice maniera di dar fiducia: prima porre il giovane nelle condizioni di meritarsela, poi accordargliela. Prima dare, poi togliere sicurezza un pochino. Per avventurarci nel mondo abbiamo bisogno di tutti e due i meccanismi. I quali, spesso, si sommano nella visione che gli altri hanno di noi: tanto che, scoprendo nei loro occhi la fiducia che ci siamo meritati, ci sentiamo più forti.

È un'esperienza che ho fatto più volte come professore di filosofia o conferenziere. Trascinato dal flusso delle parole, dal concatenarsi di argomentazioni che spesso diventano digressioni, mi capita di perdere il filo del discorso e di rischiare una crisi di fiducia in me stesso. Ma il semplice fatto di leggere negli occhi degli allievi o del pubblico un costante interesse, una costante curiosità, basta in genere a farmi tornare sui miei passi, a recuperare la coerenza perduta. A volte mi capita anche di trovare oscuro un testo di filosofia che ho appena distribuito ai miei studenti. Ma, appena avverto, attraverso le domande che mi rivolgono, la fiducia che ripongono in me, il testo mi appare d'un tratto più chiaro. Érik Decamp mi ha spiegato di aver vissuto anch'egli la medesima esperienza: al momento di partire per una spedizione, la fiducia che gli altri ripongono in lui rafforza la sua. E la cosa non può certo sorprendere quel tipo di animali relazionali che noi siamo… Nel senso che tutti e due siamo come quell'alpinista dilettante che Érik Decamp libera dalla paura responsabilizzandolo: il fatto di avvertire la fiducia che altri ripongono in noi ci fa ritrovare la "nostra" fiducia. La quale è appunto il regalo che gli altri fanno a noi, e che noi accettiamo volentieri. Quando i miei allievi mi fanno una domanda difficile, io, rispondendo, faccio agli allievi un regalo analogo: dimostro loro che la mia risposta era alla loro portata, che potevano conoscerla come la conoscevo io. E il fatto di aver rafforzato in loro la fiducia fa sì che, nei secondi immediatamente successivi, diano a loro volta, nella maggior parte dei casi, una risposta interessante.

A volte si sente dire da certi individui, nelle aziende, nelle famiglie, che mancano di fiducia in se stessi, come se la fiducia fosse una questione che riguarda unicamente loro… Ma se nessuno gliel'ha mai concessa quella fiducia, se nessuno li ha mai messi nelle condizioni di meritarsela, è chiaro che finiscono per soffrire di ansia da prestazione. A volte, poi, ci si stupisce che manchino di fiducia in se stessi malgrado le competenze. Ma, anche in questo caso, si tende a dimenticare che noi siamo esseri relazionali, non monadi isolate a cui basta accumulare competenze.

La psicoanalista e scrittrice Anne Dufourmantelle, autrice di *Puissance de la douceur* e di *Éloge du risque*, morta tragicamente nel 2017 salvando dei bambini che stavano per annegare, afferma piuttosto categoricamente che "la mancanza di fiducia in se stessi non esiste." In realtà, ascoltando le parole dei pazienti stesi sul lettino, il racconto delle loro sofferenze, Anne Dufourmantelle legge nella loro ansia prima di tutto una mancanza di fiducia *negli altri*, la disastrosa conseguenza di un'infanzia amputata di quella risorsa tanto preziosa che si chiama sicurezza interiore. Le vittime di infanzie così infelici manifestano una tale mancanza di sicurezza, e una tale assenza di amici o parenti in grado di dar loro fiducia, da sentirsi incapaci di nutrire fiducia in se stessi. Quando Anne Dufourmantelle afferma che "la mancanza di fiducia in se stessi non esiste," intende dunque dire che l'ansia trova la sua vera sorgente in una mancanza di fiducia nell'altro. Fiducia in se stessi e fiducia relazionale indicherebbero pertanto un'unica e identica cosa…

E i casi di paranoia ce ne offrono un'ulteriore conferma: i paranoici non ripongono fiducia né in se stessi né negli altri. A forza di sospettare di qualunque cosa provenga dagli altri – dall'ambiente circostante, dai media, dal mondo in genere –, soffrono di una vera e propria "insicurezza interiore". Nella loro sfiducia generalizzata, non trovano alcun punto d'appoggio per riporre fiducia in se stessi.

Ed ecco ripresentarsi quel doppio movimento, quello scambio che ci aiuterà sia a riporre fiducia in noi stessi sia ad accordare fiducia agli altri: uscire di casa, stringere relazioni con persone diverse e stimolanti, scegliere maestri o amici che ci facciano evolvere, che risveglino in noi interessi, in una parola che ci rivelino a noi stessi. Cercare relazioni che ci facciano del bene, ci rassicurino e ci liberino. E tenere sempre a mente il bambino di due anni di cui s'è detto: quello che osava avvicinarsi all'invitato che era appena entrato in casa sua, che osava rivolgersi allo sconosciuto. Con un po' di paura, evidentemente. Un estraneo che ti entra in casa fa sempre una certa impressione. Eppure il bimbo gli andava incontro, pur con il timore dovuto. Aveva fiducia sia in lui sia in chi gli stava a fianco. Una fiducia che non si è determinata né geneticamente né biologicamente. Una fiducia che è cresciuta a poco a poco, nell'intreccio dei legami che lo ha avvolto fin dalla nascita dandogli sicurezza: la stessa che diamo ai neonati quando li avvolgiamo in morbidi asciugamani dopo che gli abbiamo fatto il bagnetto, e quando, al contempo, gli frizioniamo con una certa energia il corpicino come per ricordargli che noi siamo lì, che ci prendiamo cura di loro, che non sono soli. Grazie alle cure che gli prestiamo, gli trasmettiamo fiducia. Della quale, al momento, i piccoli hanno assoluto bisogno, più di ogni altra cosa. In seguito, quando li incoraggeremo a mangiare da soli, o a rischiare i primi passi, il senso di fiducia che hanno interiorizzato glielo potenzieremo agendo dall'esterno. Perché nessuno può, da solo, maturare fiducia in se stesso. Perché la fiducia in se stessi è innanzitutto una storia d'amore e di amicizia.

2. Allenatevi
Pratica della fiducia

> Datemi un punto d'appoggio, e con quella leva solleverò il mondo.
>
> Archimede

Madonna, adolescente, si è liberata delle proprie inibizioni grazie alle parole del maestro di danza. Tuttavia lei conosceva già bene la danza, disciplina che praticava da anni. E non a caso l'insegnante le ha rivolto parole così forti poiché aveva notato il suo talento di ballerina. Il fatto di sottolineare la dimensione relazionale non deve insomma farci dimenticare la dimensione della competenza.

Il padre di Serena e Venus Williams è riuscito a condurre al successo tutte e due le figlie. Ma come ci è riuscito? In primo luogo, dando fiducia a Serena e Venus nei modi più appropriati: ripetendo ogni volta di credere nel loro potenziale, ricordando alle sorelle che grazie al tennis si sarebbero affrancate dalla loro condizione sociale, si sarebbero riscattate dalla povertà e sarebbero diventate le migliori tenniste del mondo. In secondo luogo, perché non si è limitato ad accordare loro fiducia. Le ha allenate duramente fin dall'inizio, fin dal momento in cui si sono dimostrate in grado di tenere una racchetta in mano. Gli abitanti di Compton, California, erano affascinati dallo spettacolo offerto dalle sorelle Williams in allenamento: passavano la vita sul campo da tennis, con il padre e un canestro di palle. Anche le gang rivali di Compton le rispettavano, e badavano a che nessuno ne disturbasse l'allenamento. Il padre ha insegnato loro un tennis aggressivo, basato su un servizio potente e su colpi pesanti da fondo campo. Ha insegnato loro un gioco d'attacco, in cui si conclude il game e si ottiene il punto dopo appena due o tre colpi: un gioco che non esisteva nel tennis femminile. Le ha fatte provare e riprovare, allenare e ancora allenare, insegnando loro a curare in modo specifico il servizio: Serena è stata la prima donna a servire a più di duecento chilometri orari. E le sorelle Williams sono effettivamente diventate le migliori giocatrici del mondo, una dopo l'altra numeri uno nella classifica WTA. Serena, in particolare, è diventata la migliore tennista di tutti i tempi con trentanove titoli nel Grande Slam, di cui ventitré titoli nel singolare (più di Steffi Graf) e dodici nel doppio in coppia con la sorella maggiore, uno dei quali conquistato quando era incinta di due mesi! In tutta la storia del tennis, è stata l'unica a vincere un torneo del Grande Slam annullando una palla match in una finale. E l'ha fatto tre volte. Deve avere avuto una straordinaria fiducia in se stessa per evitare che le tremasse la mano, nella finale di un torneo importante, annullando una palla match a suo sfavore.

È questa la fiducia che nasce dalla competenza, la quale, a sua volta, è frutto di un allenamento intensivo.

Ma non è solo questione di competenza. A forza di ripeterli, uno identico all'altro, i gesti sono divenuti come una seconda natura. La competenza al suo massimo livello finisce per modellare la personalità: nel caso di Serena Williams, la competenza sembra essersi appunto trasformata in fiducia. Ma è sempre così?

In un saggio che ha riscosso un successo planetario, *Fuoriclasse*, Malcolm Gladwell, giornalista del "New Yorker", approfondisce l'idea del talento innato e riprende, generalizzandola, la suggestiva "teoria delle 10.000 ore" sviluppata dallo psicologo Anders Ericsson. Analizzando la carriera di numerosi violinisti dell'Accademia della Musica di Berlino appartenenti alla medesima classe d'età, lo studioso si è chiesto che cosa avesse fatto la differenza, tra tutti quegli ottimi musicisti, tra i migliori, diventati primi violini nelle orchestre più prestigiose o solisti internazionali, i molto buoni, diventati musicisti professionisti, e gli altri, diventati semplici professori. Ha posto a tutti la stessa domanda: "Da quando ha avuto per la prima volta un violino in mano, quante ore ha suonato?" E il risultato ha sorpreso anche lui. A vent'anni, nessuno di quelli che sarebbero diventati "semplici" professori di violino aveva tenuto lo strumento in mano più di 4000 ore. Tutti quelli che sarebbero diventati dei bravi musicisti professionisti si erano esercitati per più o meno 8000 ore. I migliori, quelli che sarebbero diventati delle star del violino, avevano tutti superato le 10.000 ore di pratica. Senza alcuna eccezione. Anders Ericsson ha poi condotto la medesima inchiesta interrogando numerosi pianisti e ha ottenuto un analogo risultato: i pianisti professionisti avevano alle spalle più o meno 8000 ore di pratica, e i virtuosi almeno 10.000. Non ha trovato un solo caso di musicista divenuto virtuoso che non avesse alle spalle 10.000 ore di pratica (il che corrisponde a tre ore al giorno per dieci anni).

Amo molto le improvvisazioni al saxofono di Sonny Rollins: mi sembrano l'icona di una fiducia assoluta. Sonny Rollins vi traccia sentieri inesplorati, ci fa condividere ballate celestiali e oniriche, ispirate a una folle libertà. Di recente mi sono imbattuto in un'intervista in cui il jazzista confessa di essersi esercitato al saxofono, in alcuni periodi della vita, fino a diciassette ore al giorno. Nel suo caso, quindi, si può parlare di una fiducia laboriosamente conquistata. Ne ha dovute fare, di scale, ne ha dovute sperimentare di tecniche, prima di maturare quella libertà d'improvvisazione! Nei grandi artisti, la fiducia è dunque in primo luogo, o più esattamente soprattutto, frutto di una pratica assidua e persino ossessiva.

Il risultato dello studio di Anders Ericsson non deve però essere interpretato in maniera semplicistica: non è detto che chiunque passi 10.000 ore incollato al suo strumento diventi un virtuoso. Deve anche trarne piacere – la pratica deve cioè corrispondere a una sua aspirazione –, deve avere una precisa predisposizione, le sue 10.000 ore devono essere ore di concentrazione, di compresenza con la disciplina che si è scelto. E, con ogni probabilità, incidono anche altri fattori. In ogni caso, il risultato dello studio è interessante. Perché, attraverso l'analisi di pratiche diverse, l'autore ci dà un'idea del modo in cui una competenza viene assimilata a poco a poco da chi la acquisisce fino a trasformarsi in un'autentica fiducia. Dopo 8000 ore la mia competenza è tale da consentirmi di diventare un musicista professionista. Oltre le 10.000 ore posso ambire a diventare uno dei migliori musicisti del mondo nel mio campo. Quando Serena Williams è diventata la numero uno tra le tenniste americane di meno di dieci anni, aveva effettivamente nelle braccia 10.000 ore di tennis...

Partendo dallo studio di Anders Ericsson, Malcolm Gladwell finisce per tradurne le risultanze in una legge dei grandi numeri, con un pizzico di demagogia: nel senso che, a suo avviso, basterebbero, in qualunque disciplina, 10.000 ore di applicazione per acquisire una vera e propria padronanza dell'arte in questione e una piena fiducia in se stessi. Gladwell analizza in dettaglio molti casi, da Mozart ai Beatles e mostra, numeri alla mano, come essi siano diventati delle vere eccellenze solo dopo aver varcato la soglia delle 10.000 ore. È vero, infatti, che Mozart riusciva a leggere una partitura e a suonare rispettando il tempo musicale anche prima di saper leggere e scrivere. È vero che ha composto musica dall'età di sei anni. Ma è anche vero che il suo primo capolavoro, secondo Gladwell

– il *Concerto per pianoforte n. 9 in mi bemolle maggiore* K 271 detto *Jeunehomme* –, lo ha scritto a Salisburgo nel 1777, quando aveva ventuno anni e 10.000 ore di composizione alle spalle.

Rivisitando la storia dei Beatles prima del loro successo fulminante negli Stati Uniti, datato 1964, Gladwell si diverte a contare le ore passate da John Lennon e Paul McCartney a suonare sul palco. E racconta che, nel 1960, quando erano ancora un gruppo rock liceale, i Beatles hanno avuto la fortuna di essere invitati ad Amburgo, in un club dove la regola era suonare otto ore di fila, a volte anche per tutta la notte. Nulla a che vedere con le session di Liverpool che duravano tutt'al più un'ora, durante la quale la band ripeteva sempre gli stessi pezzi. Secondo Gladwell, nel club di Amburgo i Beatles hanno avuto la prima vera occasione di allenarsi, di acquisire fiducia in se stessi e di apprendere, in particolare, il modo di stare sul palco insieme. Tutte quelle ore hanno consentito al gruppo di familiarizzare con gli strumenti, di allargare il repertorio, di esplorare le possibilità delle rispettive voci, di imparare a guardare in faccia il pubblico, a sentirne la presenza, a farlo vibrare. È ad Amburgo che i Beatles sono diventati un grande gruppo. E quando, nel 1964, sono sbarcati negli Stati Uniti, avevano già all'attivo, secondo i gustosi calcoli di Gladwell, 12.000 ore di palcoscenico. Il che ha permesso loro di conquistare l'America.

È chiaro che l'approccio, pur originale, di Anders

Ericsson non ha una dimensione propriamente scientifica: la sua teoria delle 10.000 ore per raggiungere l'eccellenza in qualsivoglia pratica non è né verificabile né confutabile. Quando poi, sulla sua scia, Malcolm Gladwell muove dagli studi del neuroscienziato Daniel Levitin per affermare che le 10.000 ore corrispondono al tempo necessario al cervello per padroneggiare perfettamente qualunque disciplina, sembra cercare, senza riuscirvi, l'avallo scientifico che gli manca. E, guarda caso, esistono molte ragioni per diffidare della sua tesi – anche se devo ammettere che mi ha in parte affascinato. Esaminandone infatti i possibili risvolti, si capisce che anche nei geni la fiducia matura con il tempo, con l'acquisizione di una competenza assimilata poco per volta, incorporata poco per volta, suscettibile di produrre per gradi i propri effetti liberatori. La fiducia non è dunque innata, bensì, in massima parte, acquisita.

"Il genio," afferma Thomas Edison, "è l'un per cento ispirazione e il novantanove per cento sudore." Non dimentichiamolo quando iniziamo a dubitare di noi stessi. Molto spesso, quando stentiamo a trovare fiducia, pensiamo più o meno implicitamente di non essere dotati, di non avere talento sufficiente, quando invece, semplicemente, non ci siamo allenati abbastanza. Ogni volta che ci assale il dubbio, ogni volta che temiamo di non farcela, faremmo meglio a riprendere fiducia attraverso la pratica e a sviluppare la nostra competenza, anziché invocare un'ipotetica mancanza di talento. Lo studio nondimeno sorprendente di Gladwell ha il merito di ricordarcelo: Mozart è probabilmente un genio ispirato, ma ha anche molto sudato. E ha sudato più di molti musicisti meno ispirati di lui. È in questo senso che il suo esempio può farci da incentivo.

Gladwell, peraltro, s'interessa a un tipo di fiducia molto circoscritto, incentrato sulla competenza esercitata nell'arco delle famose 10.000 ore. Laddove la vera fiducia in se stessi ha un carattere più globale: eccede, in verità, la padronanza relativa a un'unica pratica, anche se trae sicuramente beneficio da una tale padronanza.

Grazie alla sua competenza tennistica, grazie a tutti i successi ottenuti, Serena Williams ha acquisito una fiducia in se stessa che non si limita ai soli campi da tennis. Oggi come oggi, Serena prende la parola non solo in veste di campionessa sportiva d'alto livello, ma anche in veste di donna, di madre, di cittadina e di femminista – e la sua è una parola molto ascoltata.

Nel 2016 Serena Williams ha pubblicato una lettera aperta per denunciare il sessismo nello sport e, di conseguenza, la persistenza della disuguaglianza tra i sessi. Eccone un estratto:

> Tutte quelle cose che altri mi segnalavano come svantaggi – la mia razza, il mio genere – sono state invece, per me, il carburante del successo. Non ho mai permesso a nessuno di definire la mia persona, di mettere dei paletti al mio potenziale. [...] Sappia-

> mo che le donne devono abbattere molte barriere sulla strada del successo. Una di esse è il continuo richiamo al fatto che non siamo uomini, come se fosse una debolezza. La gente dice che io sono "una delle migliori atlete donne". Dicono che LeBron James è tra i migliori atleti uomini? Lo dicono di Tiger Woods o di Roger Federer? E perché non lo dicono? Ecco, non dobbiamo mai permettere tutto questo. Dovremmo essere giudicate per quello che abbiamo ottenuto, per i nostri risultati, non per il nostro genere.

Una tale fiducia in se stessa equivale appunto a una metamorfosi della sua competenza. Allenandosi per tutti questi anni, ogni giorno, colpendo la palla per ore e ore, Serena Williams non si è soltanto allenata per giocare a tennis. Giorno dopo giorno, ha affermato la propria volontà, la propria aspirazione, la propria capacità di vincere le resistenze, di superare gli ostacoli. La fiducia che ora manifesta con le sue coraggiose prese di posizione è il frutto di quest'esperienza. Sviluppando la propria competenza nel servizio, nel diritto, nel rovescio, Serena ha valutato appieno la misura della sua potenza e della sua volontà di vivere. Su un campo da tennis o altrove. Giocando a tennis, Serena si è avvicinata alla propria verità, attingendo dal proprio intimo tutte le grandi risorse di cui dispone.

Sviluppando la nostra esperienza prendendo le mosse da una pratica possiamo – ed è una fortuna – conquistare una più globale fiducia in noi stessi. La nostra esperienza, di qualunque tipo essa sia, fa quindi da perno. “Datemi un punto d’appoggio, e con quella leva solleverò il mondo,” avrebbe detto Archimede. La fiducia in se stessi si alimenta infatti grazie al nostro rapporto con l’azione, con l’impegno nel mondo reale, tutto ciò che ci ancora al reale può farle da base concreta, da trampolino.

“Ogni coscienza è coscienza di qualcosa,” scrive il filosofo tedesco Husserl. Il quale, con una tale affermazione, intende dire che noi abbiamo coscienza di noi stessi solo avendo coscienza dell’alterità, di ciò che è altro da noi. Per esempio, avendo coscienza del sapore del caffè nella mia bocca, e della tazzina che tengo tra le dita, prendo coscienza di me stesso. Ma non posso acquisirla in un modo per così dire assoluto, astratto, incorporeo, vale a dire senza un contatto.

E lo stesso vale per la fiducia in se stessi: per sentire che abbiamo fiducia in noi stessi dobbiamo innanzitutto farne l’esperienza in concomitanza con una fiducia in questa o quell’azione concreta. Parafrasando Husserl, potremmo affermare: ogni fiducia in se stessi è fiducia in quel se stesso che ottiene qualcosa. Per acquisire fiducia in noi stessi abbiamo bisogno di esperienze concrete, di competenze precise e di successi reali. Non esitiamo a festeggiare le nostre conquiste, per quanto modeste esse siano: sono altrettante tappe lungo il cammino della piena fiducia in se stessi. Ce ne accorgiamo quando ci rallegriamo con i nostri figli: ogni volta li incoraggiamo un pochino di più a prendere fiducia in loro stessi.

Abbiamo avuto fiducia nella nostra capacità di mettere un piede davanti all'altro, di scrivere in lettere minuscole, di andare in bicicletta... Abbiamo fiducia nelle nostre capacità di leggere una partitura musicale, di orientarci in una città straniera, d'intrattenere una conversazione, di esprimere un nostro dissenso, di formulare i nostri desideri, di prendere la parola in pubblico...

Fino a che, un giorno, avremo davvero fiducia *in noi stessi*.

È quello che io definirei il *salto* della fiducia in se stessi. Tutte le pratiche precedenti sono altrettanti passaggi che conducono al famoso salto, che lo rendono possibile, altrettante occasioni di vivere la metamorfosi. E, detto tra parentesi, sarebbe inutile precipitare le cose, provare ad anticipare quel momento: non otterremo certo più fiducia in noi stessi cercandola con tanta insistenza. Dobbiamo imparare a fare le scale musicali con pazienza, magari anche con curiosità. E poi, un giorno, senza neanche rendercene conto, dovremo cominciare a improvvisare.

Ma attraverso quale miracolo una precisa competenza può dar luogo a una vera fiducia? Esistono infatti competenze che occludono, che non si trasformano mai in fiducia. Per una Serena Williams, quante ottime giocatrici sono state capaci di affermarsi solo su un campo da tennis? La risposta degli psicologi è la seguente: abbiamo spesso una fiducia troppo settorializzata, limitata a una competenza specifica. Anzi, ancora peggio, a volte non coltiviamo un'autentica fiducia in noi stessi nemmeno nel nostro singolo settore. Lo padroneggiamo, ma non senza un segreto tremore. Come favorire allora la metamorfosi della competenza in vera e propria fiducia?

In primo luogo, traendo piacere dallo sviluppo della competenza in oggetto. È un fenomeno che osservo ogni giorno a contatto con i miei allievi: non esiste nulla di meglio del piacere, per sviluppare le proprie competenze e guadagnare dei punti in fatto di fiducia. Chi prova una certa voluttà ad approfondire una problematica e a formulare le proprie argomentazioni progredisce molto più in fretta di chi confonde il lavoro serio con lo spirito di serietà. Chi "gioca" si affranca dalla logica troppo rigorosa delle competenze e conquisterà più in fretta la fiducia in se stesso. E questo per una ragione molto semplice: il piacere che egli ne trae gli permette di relativizzare e di essere più rilassato. Se sbaglia, potrà sempre dire di essersi divertito. E, comunque, sbaglia molto meno chi trae piacere dal proprio lavoro. Il piacere di cui beneficia è l'indizio che la pratica che ha intrapreso gli è congeniale, che ha tutte le chance per procurarsi ulteriore piacere approfondendola. E il fatto di sapere che sta percorrendo un itinerario che gli è congeniale è qualcosa che lo rassicura.

La competenza si trasforma più facilmente in fiducia

quando ci consente di progredire nella conoscenza che abbiamo di noi stessi, delle nostre risorse e delle nostre qualità, dei nostri gusti e dei nostri disgusti... Nessuna fiducia in se stessi è possibile senza conoscenza di sé, senza tracciare un percorso che sia conforme alla nostra indole. Imparando l'arte del tennis, Serena Williams ha scoperto di cosa era capace, quali erano le sue forze ma anche le sue debolezze, che tipo di donna era. E ha compreso di essere una di quelle persone che si rivelano a se stesse nelle avversità.

Dal momento in cui questo accade, da quando la nostra competenza ci rivela a noi stessi, non siamo più prigionieri della sua logica troppo rigorosa. Del resto, una prigionia del genere non potrebbe mai liberarci delle nostre apprensioni. Se accumuliamo competenza pensando che un giorno potremo, grazie a essa, fronteggiare qualunque imprevisto, rischiamo, proprio davanti al primo ostacolo, di subire una crisi di fiducia. La vita sa smentire molto bene i pronostici. Se incrementeremo la nostra padronanza delle cose coltivando l'idea folle di un controllo totale, andremo incontro a inconvenienti che ci faranno perdere ogni fiducia. Dobbiamo dunque sviluppare la padronanza delle cose tenendo bene a mente che non controlleremo mai tutto quanto, che le cose non si ripetono mai interamente nell'identica maniera.

"Non ci si bagna mai due volte nello stesso fiume," leggiamo in un frammento di Eraclito. Anche se siamo particolarmente competenti, la seconda volta non è mai una replica identica alla prima. Un chirurgo potrà pur conoscere alla perfezione i gesti da compiere, gli strumenti da usare e il timing d'intervento, ma, ogni volta, il corpo su cui dovrà intervenire sarà un corpo nuovo, globalmente identico ma, di fatto, particolare e perciò diverso. E la sua competenza dovrà porlo nelle condizioni di affrontare la novità, dovrà essere abbastanza sedimentata da renderlo idoneo a gestire qualunque caso gli si presenti, qualunque imprevisto. Serena Williams era sicuramente oltremodo competente, ma la prima volta che ha annullato una palla match nella finale di un torneo del Grande Slam… era pur sempre la prima volta. E le due volte successive non erano due repliche identiche alla prima. È vero che, se il chirurgo o Serena Williams hanno saputo reagire come dovevano, lo hanno fatto grazie alle loro competenze, compiendo gesti che sapevano padroneggiare perfettamente. Ma è anche vero che hanno fatto molto di più. Hanno compiuto quei gesti senza nessun tremore della mano, e non si è trattato, nel loro caso, della semplice ripetizione di un gesto meccanico. Si sono dimostrati capaci d'inventiva, di adattamento, anche minimo, alla situazione. Ed è stato questo a fare la differenza.

In *Così parlò Zarathustra*, Nietzsche mette in scena un personaggio grottesco, il "Coscienzioso", per sottolineare la distinzione tra la competenza che occlude e l'esperienza che libera. Secondo Nietzsche, tutto dipende, quando ci sforziamo di essere competenti, da quanto teniamo "in pancia". Se a guidarci è solo "l'istinto della paura", se cerchiamo di diventare esperti del mondo solo per paura dell'ignoto, non potremo mai maturare una fiducia autentica. Saremo sì competenti, ma non fiduciosi, e somiglieremo al sinistro personaggio del "Coscienzioso". Una sorta di esperto, una patetica versione del ricercatore: sa tutto, assolutamente tutto, del cervello della sanguisuga, ma la sua ipercompetenza lo taglia fuori dalla vita vera, dato che non c'è nient'altro che lo interessi. E il suo eccesso di sapere settoriale finirà per costargli la vita, in una scena grottesca in cui emerge il genio comico di Nietzsche. Cadendo infatti in una palude piena di sanguisughe, il "Coscienzioso" ne sarà risucchiato fino a ridursi senza più una sola goccia di sangue, divorato dall'oggetto stesso della sua competenza...

Viceversa, sarà una fortuna per noi il fatto di poter abbinare il livello della competenza con quello che Nietzsche chiama "l'istinto dell'arte", quella forma di creatività che egli oppone all'"istinto della paura". Per sviluppare in noi la vita, e non per fuggirla. Per essere più vivi, e non meno vivi. In virtù della curiosità, e a scapito della troppa cautela. In noi sono presenti tutti e due gli istinti: quello della paura e quello dell'arte. Ogni volta che l'istinto dell'arte prevale su quello della paura, ogni volta che la nostra creatività prevale sulla nostra circospezione, aiutiamo la competenza a trasformarsi in fiducia.

Seguiamo dunque il consiglio di Zarathustra: sviluppiamo le nostre competenze ma con un'anima d'artista, per farne una piattaforma di lancio e non per appiattirci su di esse. È chiaro che le competenze ci danno un senso di sicurezza, ma non dimentichiamo mai la finalità di questo rinnovato senso di sicurezza: uscire dal nostro rifugio di relativo benessere per riuscire a recuperare la fiducia in noi stessi. Il fatto di fare appello alla competenza al solo scopo di sentirci completamente rassicurati rende impossibile la conquista di una vera fiducia in noi stessi, per una ragione perfettamente diagnosticata da quello spietato psicologo che è Nietzsche. La vita è imprevedibile, spesso ingiusta e, fondamentalmente, piuttosto insidiosa: se manchiamo di lucidità, non ci sentiremo mai completamente rassicurati.

Occorre dunque che la nostra competenza sia qualcosa di più di una capacità di ripetere ciò che sappiamo già fare. Essa deve trasformarsi in un terreno di sviluppo della nostra creatività, nell'occasione di una vera presenza a noi stessi. E tale metamorfosi è possibile solo al termine di un lungo processo: la padronanza di noi stessi ci induce a poco a poco ad accettare una forma di "non-padronanza", di allentamento della presa. Cosicché, grazie a tutto quello che abbiamo appreso, sperimentato, assimilato, possiamo finalmente autorizzarci a confidare in noi stessi.

Serena Williams ha iniziato a praticare il tennis a tre anni: i suoi piedi, quando era seduta in panchina, non toccavano terra. Ha imparato i colpi, ha saputo man mano perfezionarli, fino a diventare estremamente competente. Ma quando, per tre volte, in una finale, deve annullare una palla match e lo fa senza un solo tremito del braccio, vuol dire che non ha soltanto fiducia nei suoi colpi: vuol dire che ha fiducia in se stessa. A forza di provare e riprovare, la sua competenza è stata assimilata, è divenuta come una seconda natura: ha maturato quel *salto* di cui si diceva, la sua competenza è diventata fiducia.

Anche se la natura del salto rimane in parte enigmatica. In ogni caso sappiamo già una cosa: per esserne capaci, dobbiamo attingere regolarmente alla padronanza acquisita, in modo da osare di nuovo il salto verso la "non-padronanza", in modo da trovare sicurezza nella nostra zona di comfort per poi essere capaci di uscirne rinvigoriti.

Provate a immaginare questa zona di comfort, ossia la vostra area di competenza, come un cerchio. Provate a entrarci dentro per sentirvi bene al caldo. E poi uscite per esplorare il vasto mondo. Ritornateci per rassicurarvi di nuovo. E così di seguito. Prendete slancio rifugiandovi nella zona di comfort per poi uscirne ogni volta. Danzando. Avanzando. Allargando il cerchio della vostra zona di comfort e al tempo stesso il perimetro delle vostre esplorazioni. Secondo una ritmica precisa, come in un valzer a due tempi, il passo che fate avanti e indietro raffigura il doppio movimento della fiducia in voi stessi. Dopodiché spetta a ciascuno conoscere abbastanza se stesso per sapere di quale frequenza ha bisogno per andare ad attingere sicurezza nella zona di comfort e poi uscirne. Meno ci avranno dato sicurezza nel corso dell'infanzia, più sentiremo il bisogno di rassicurarci. Ed è indispensabile conoscere bene se stessi per trovare il proprio ritmo, la propria maniera di danzare.

I miei allievi, dopo aver acquisito le opportune competenze, padroneggiano ora numerose nozioni del programma. Ma, più si avvicina l'esame, più entrano in affanno, a volte, enumerando i temi non trattati. E mi chiedono lezioni supplementari, o schede apposite, sulle nozioni mancanti. Al che, li esorto a rivedere gli elementi che già padroneggiano. A rileggere le pagine preferite. A ritrovare in esse il piacere provato alla prima lettura, quel piacere che è il migliore alleato della fiducia. In una parola, a tornare ad attingere sicurezza nella loro zona di comfort. E dopo, ma solamente dopo, a uscir fuori per scoprire nuove nozioni. Insomma, li esorto a danzare il suddetto valzer a due tempi.

Non solo. Propongo loro di allenarsi a redigere introduzioni o commenti. "È lavorando nelle fucine che si diventa fabbri," dice un proverbio medievale. Anche Efesto, il dio delle fucine, non è divenuto fabbro in un giorno. Gettato in mare dai genitori al momento della nascita perché deforme, è stato raccolto da un corteo di ninfe che lo hanno allevato e gli hanno insegnato, per anni e anni, l'arte della forgia. Efesto, il dio dei fabbri, ha potuto beneficiare anch'egli delle famose 10.000 ore di pratica – e anche di più! Per cui chiedo ai miei allievi di allenarsi, badando in particolare a metterli in guardia contro una logica di mera competenza: il tema che verrà loro sottoposto all'esame molto probabilmente non somiglierà a nessun altro. La difficoltà insita nel mestiere del professore consiste proprio in un paradosso del genere: insegnare competenze mantenendo al tempo stesso un margine di sfiducia nelle sole competenze.

Gli allievi che si allenano con la paura in pancia, che si adoperano in ogni modo per sentirsi preparati ad affrontare qualsiasi tipo di tema, non riusciranno mai ad acquisire una vera fiducia in se stessi. Svilupperanno certo competenze che assicureranno loro un determinato successo scolastico, ma continueranno a mancare di fiducia in se stessi e, un giorno o l'altro, inciamperanno. Cosicché, il giorno dell'esame di filosofia, davanti a una domanda inaspettata, andranno in crisi molto più facilmente di altri compagni. Perché avranno confidato troppo nelle loro competenze, e troppo poco in *se stessi.*

Viceversa, altri allievi si allenano, meno scolasticamente, a maturare uno spirito di scoperta. Non coltivano l'ossessione della preparazione perfetta, e alimentano invece il desiderio di tentare delle cose nuove, di raccogliere delle sfide. Non cercano sicurezza a ogni costo. Si dedicano alla pratica dello studio traendo piacere, saggiando la propria creatività. Non trattano gli argomenti nel modo in cui li trattano i primi: parlando non tradiscono inquietudine, se mai eccitazione e curiosità. E il risultato è impressionante. Mentre gli altri allievi sono paralizzati dall'incertezza connaturata a ogni esame, loro sembrano invece trarne motivo di divertimento. Sono pronti a convivere con il rischio. Capiscono che il rischio è la componente precipua della vita umana.

La fiducia non è rassicurazione. Credere in se stessi è sapersi capaci di correre il rischio, di raccogliere la sfida, di non illudersi basandosi sulla convinzione che la vita sia prevedibile. È vero che esistono situazioni in cui il grado di competenza riduce praticamente a zero il margine di rischio, ma in tal caso non c'è bisogno di darsi fiducia: basta la competenza.

Nel suo saggio *Oser faire confiance*, il filosofo Emmanuel Delessert sottolinea la differenza tra fiducia e competenza: "Darsi fiducia non è dirsi che si può fare una cosa perché s'è già fatta mille volte. Che tristezza! Che mancanza di prospettiva! È, al contrario, fare appello a quella componente meno sicura di noi stessi – non ancora mai attivata – e decidere di attivarla, di risvegliarla." Darsi fiducia è intraprendere qualcosa in cui, viceversa, "abbiamo fallito mille volte", qualcosa che forse non abbiamo mai tentato. E, quando ci riusciamo, vuol dire che non abbiamo solo confidato nella nostra competenza, vuol dire che abbiamo confidato in noi stessi.

"L'esperienza degli altri è un pettine per i calvi," dice un proverbio cinese. Che cosa significa? Che, a contare, è la nostra esperienza, non quella degli altri, perché solo dalla nostra esperienza possiamo trarre fiducia. Come "un pettine per i calvi", l'esperienza degli altri ci serve ben poco. Ci fornisce, tutt'al più, un po' di competenza. Ma, più della competenza acquisita, sono il cammino percorso e il modo in cui lo abbiamo percorso a costituire la nostra esperienza autentica, il nostro autentico tesoro. Lungo quel cammino abbiamo scoperto il nostro rapporto con le avversità, con l'insuccesso o il successo, abbiamo potuto valutare l'entità del nostro talento, delle nostre aspirazioni, della nostra ambizione; abbiamo guadagnato in termini di conoscenza di noi stessi. E nessuno può percorrere quel cammino al nostro posto.

Sviluppate dunque le vostre competenze quanto potrete, ma senza troppa tensione; badando sempre al fatto che vi avvicinano a voi stessi. Sviluppatele al massimo, ma senza lasciare che prevarichino. E la fiducia vi ripagherà con gli interessi. Come una grazia, una ricompensa o una bella sorpresa.

3. Ascoltatevi

Confidare nella propria intuizione

> L'uomo dovrebbe imparare a scoprire e a tener d'occhio quel barlume di luce che gli guizza dentro la mente come un lampo.
>
> Ralph Waldo Emerson

Tra gli operatori del pronto soccorso, il medico di primo intervento deve distinguere le "emergenze assolute" dalle "emergenze relative". Tra il frastuono delle sirene, tra le urla e i lamenti, deve essere in grado di fare una selezione, di stabilire una gerarchia tra un ferito e l'altro. Saper valutare a colpo d'occhio la gravità di una condizione di sofferenza – dal pallore, dal bianco degli occhi, dal rigonfiamento del petto… Deve, per riuscire a pronunciarsi nello stato di concitazione in cui opera, confidare nel proprio giudizio; deve, in mezzo al caos, saper ascoltare se stesso. E per farlo, deve mantenere la calma, in modo da prendere le decisioni giuste. Come fare? Affidarsi a una fredda analisi della situazione? Al medico non basterebbe, perché non ha il tempo per analizzare tutto quanto. Agire d'istinto, confidando sulla sola esperienza? Al medico non basterebbe, perché gli occorrono dei dati, delle prove cliniche. In realtà nella sua decisione devono integrarsi tutti e due gli elementi, la sensibilità e il ragionamento, il corpo e la mente.

Un venditore si trova nel bel mezzo di un negoziato, aspro e logorante. Gli scambi durano da un po', infruttuosi, ma ecco che all'improvviso il nostro uomo "sente" che è giunto il momento. Muta tono di voce e propone un prezzo definitivo. Prendere o lasciare. Dopo pochi secondi, l'interlocutore accetta. L'intuizione del venditore è stata quella giusta. Ha saputo ascoltare se stesso. Ascoltarsi *integralmente*. Nel momento in cui propone il suo ultimo prezzo è, altrettanto integralmente, presente a se stesso e al tipo di situazione. Sarebbe un errore pensare che basti analizzare freddamente e molto rapidamente la situazione. E sarebbe un errore speculare pensare di ricorrere alla mera sensibilità, interpretando il linguaggio corporeo dell'altro. Sta tutto insieme. Ecco perché egli "sente" che è giunto il momento. In passato ha conosciuto insuccessi e successi. E si è ben guardato dal dimenticare i primi per ricordare solo i secondi. Altrimenti, ora, non potrebbe essere davvero presente. Ben sapendo che, lì, sta l'intera somma di tutto ciò che ha vissuto. E solo perché sa accogliere in quel preciso istante la totalità della sua esperienza, si mostra capace di proporre il prezzo giusto. Una tale capacità di ascoltarsi è insieme semplice e complessa. Semplice, perché non richiede alcun dono. Complessa, perché non è facile raggiungere una tale qualità di presenza nel cuore dell'azione, nella concitazione e sotto pressione.

Se una tale capacità di ascoltarsi dipendesse semplicemente dallo straordinario sviluppo di una parte di se stessi, allora si avrebbe ragione di temere di fallire. Ma non è questa la qualità richiesta: si tratta se mai di lasciare che tutte le componenti dell'essere si esprimano di concerto: ragione e sensibilità, conscio e inconscio... Per riuscire veramente ad ascoltare se stessi, basterà che una facoltà non prevalga sulle altre. Se è la ragione a imporsi, allora obbediremo alla ragione. Se sarà la sensibilità a trionfare, allora ci affideremo alla sensibilità. Solo quando nessuna delle nostre facoltà prevarrà sulle altre sapremo confidare esclusivamente in noi stessi. E ne siamo tutti capaci.

Troppe volte, a scuola, ci hanno semplicemente chiesto di ascoltare le istruzioni, i consigli, le lezioni. Hanno cercato di insegnarci ad ascoltare i professori. E non ci hanno detto a sufficienza che, *in definitiva*, dovevamo riuscire ad ascoltare noi stessi.

Gli studi PISA (Programma per la valutazione internazionale dello studente), che consentono di comparare i sistemi educativi delle diverse nazioni, mettono in luce, nei giovani francesi, un forte divario tra conoscenze e risultati in sede di QCM (Questionario a scelta multipla). Sanno molte cose ma, al momento della scelta tra più risposte, esitano e sbagliano in misura superiore alla media. Perché gli studenti francesi sono più titubanti dei giovani europei davanti a un questionario in cui devono spuntare la risposta esatta? Perché non hanno imparato ad ascoltarsi. Capita raramente di leggere, sulle schede di valutazione francesi, "deve avere maggior fiducia in se stesso". Ci sono tanti "può fare meglio", "deve perseverare nello sforzo", ma quanti sono i "confidi di più nel suo giudizio personale"?

A me, al contrario, è capitata la fortuna d'incontrare due professori che hanno letteralmente modificato il corso della mia esistenza. In letteratura, in seconda superiore, ho scoperto Verlaine, Proust, Camus… La mia insegnante era molto tradizionale, esigente, ci chiedeva di imparare dei versi a memoria. Ma non mancava mai di chiederci qual era il nostro pensiero in merito, di esortarci ad ascoltare noi stessi: "Sì, hai ragione, diciamo pure così, ma tu che cosa ne pensi? Trovi che sia scritto bene? Tocca la tua sensibilità?"

Il mio insegnante di filosofia mi ha fatto scoprire Aristotele, Spinoza, Hegel… Mi ha trasmesso dei saperi, dei metodi. Ma, soprattutto, mi ha insegnato ad ascoltare me stesso. Anch'egli era spesso provocatorio, e in maniera persino ossessiva. E, se aveva appena tenuto una lezione su Cartesio, non esitava a chiedere: "Cartesio! Ma facciamola finita con Cartesio! Voi, dico a voi, che cosa ne pensate?" Venticinque anni dopo, ricordo quelle ore di filosofia come se fossero state ore "a me dedicate", avulse dalle contingenze della vita, dai vincoli del quotidiano, dalle necessità famigliari: ore fatte apposta perché imparassi ad ascoltarmi. Durante le lezioni di filosofia passavamo attraverso lo studio di Platone o di Kant o di Sartre solo per raggiungere noi stessi. Entravamo nella *Fenomenologia dello spirito* di Hegel solo per imparare a porci in ascolto del nostro stesso spirito.

I grandi professori ci proiettano nell'avventura dell'esistenza: ci forniscono armi per osare essere noi stessi. E, molto spesso, ci accorgiamo che loro per primi hanno percorso un cammino analogo – loro per primi sono diventati se stessi a contatto con saperi o con autori che poi avrebbero trasmesso ad altri. Sono esattamente antitetici a quei "coscienziosi" modellati sull'antieroe deriso da Nietzsche, divenuti insegnanti per timore della vita, per mancanza di fiducia in se stessi. Già alunni diligenti, costoro sono semplicemente passati dall'altro lato della cattedra. Ma si sono ascoltati? Che cosa hanno appreso su se stessi? Sanno che cosa esprimeva del loro rapporto con il mondo il loro atteggiamento di discepoli obbedienti? E, tra costoro, non mancano certo quei professori che umiliano gli allievi alla minima deroga alla norma, alla minima "mancanza di serietà", e che ne affossano la fiducia condannandoli con un tratto di biro rossa.

Quando ripenso ai miei due insegnanti di lettere e filosofia, ricordo inoltre che avevano l'audacia di dire cose semplici, in modo talmente semplice da sembrare semplicistico. È un fatto che avrei compreso più tardi: là dove altri mascherano quel poco che hanno da dire usando formule ampollose, loro sapevano esprimere in maniera semplice concetti molto complessi. Osare esprimere con chiarezza tali enunciati vuol dire osare ascoltarsi. Non esiste modo migliore di trasmettere a un alunno delle medie, a un liceale o a uno studente universitario la voglia di ascoltarsi se non quello di tradurgli in pratica quella virtù. Non vedo che cosa la scuola potrebbe insegnare di più bello. Ascoltate i vostri migliori professori: vi insegneranno ad ascoltare voi stessi.

In ogni caso, riuscire ad ascoltarsi è tutt'altro che facile. Per riuscirci, occorre prima di tutto evitare di sottomettersi alle verità precostituite. Se, per esempio, sono verità che riguardano la religione e la tradizione, possono essere vagliate, reinterrogate liberamente. Chi ripete, senza rimetterla in discussione, l'idea di Dio acquisita tramite l'educazione religiosa che gli è stata impartita non potrà mai ascoltarsi: non potrà mai sapere se ci crede o no. Chiunque affermi a priori "in proposito, abbiamo sempre fatto così", in modo da rifiutare ogni confronto, rinuncia, lui per primo, a ogni possibilità di ascoltarsi. Si sottomette alla "verità" della tradizione, come altri si sottomettono a quella della religione. Costui venera troppo il passato per confidare veramente in se stesso. Non riesce nemmeno ad ammettere che, quanto di nuovo si va dischiudendo in lui, qui e ora, possa autorizzare l'esistenza di un'altra verità.

Se, invece, tali verità sono verità stabilite dalla scienza, deve comunque imporsi l'esigenza di capire in quale modo esse abbiano trovato quella determinata formulazione. Sapere ascoltarsi vuol dire prima acquisire il sapere e poi non dimenticare di rimetterlo in discussione.

Sapere ascoltarsi impone anche un'altra esigenza: quella di non sottomettersi alla dittatura dell'emergenza. Lo sappiamo tutti: per mancanza di tempo, per non essere in ritardo, sovente in una condizione di stress, tendiamo ad agire in maniera impulsiva, precipitosa. Obbediamo a chi ci pressa più degli altri, o a chi grida più forte, e rimaniamo come assenti a noi stessi. Quindi non riusciremo più a dare ascolto alla nostra voce interiore.

Uno dei modi di sottrarsi alla tirannia dell'emergenza è quello di distinguere l'urgente dall'importante. Molte cose sono urgenti, ma non tutte sono importanti. Il semplice fatto d'interrogarsi su un problema di questo tipo può essere liberatorio, e aiutarci a portare a termine il dovuto in un tempo limitato. Quanti dirigenti, sottomessi alla costante pressione dell'urgenza, perdono fiducia nella propria capacità di giudizio! Abbiamo la possibilità di opporre al flusso incessante delle urgenze, una più urgente dell'altra, questa semplice domanda: è urgente, ma quanto è importante? Ciò che è veramente importante, nella nostra pratica professionale, è far bene ciò che si deve fare, il che dipende esclusivamente dal nostro compito. Forti di un tale criterio, possiamo sì provare a soddisfare la richiesta urgente di un collaboratore o di un superiore, ma forti di una nuova libertà personale. È possibile che quel tale collaboratore o quel tale superiore siano a loro volta condizionati dallo stress, che ci infliggano una pressione eccessiva o ci chiedano delle cose che esulano dai nostri compiti. In tal caso è nostro dovere non perdere di vista ciò che è importante: portare a termine correttamente la missione di nostra pertinenza. E possiamo anche estendere l'idea della distinzione tra l'urgente e l'importante a un ambito più vasto, applicandola a una sfera che non sia più soltanto professionale. L'importante è che i nostri figli siano in buona salute, che siano felici, che si sia risparmiati dai drammi dell'esistenza, e che si sappia approfittare di tali benefici. Anche se in ufficio ci affanniamo più che mai, dobbiamo ricordare che l'essenziale sta altrove: affrettiamo pure l'esecuzione dei nostri compiti, ma senza *sottometterci* alla logica dell'emergenza. Solo grazie alla consapevolezza della distinzione tra l'urgente e l'importante, sapremo preservare la facoltà di ascoltare noi stessi.

Anche il "medico di pronto intervento" si dà da fare nella massima fretta. E il flusso con cui ha a che fare non è un flusso di mail, è un flusso di feriti… Agisce in base all'urgenza, ma possedendo una bussola interiore. Non si lascia condizionare dallo stato di confusione che gli sta attorno. Sa che certe urgenze sono più importanti di altre. Non si lascia travolgere dalla temporalità ultrarapida in mezzo alla quale sta operando. La sua lucidità è frutto di un sentimento del tempo meno concitato: quello che gli ha consentito di accumulare quell'esperienza che oggi lo autorizza, pur nell'urgenza, ad ascoltare se stesso, in modo da compiere i gesti più importanti, quelli che salveranno il maggior numero di vite umane.

L'unico filosofo che abbia affrontato seriamente il problema della fiducia in se stessi è Ralph Waldo Emerson, un pensatore americano nato nei primi anni del XIX secolo. In *La fiducia in se stessi*, breve saggio pubblicato nel 1841 e poi inserito nell'edizione completa dei suoi *Saggi*, sembra tracciare, quando parla di chi confida in se stesso, il ritratto del "medico di pronto intervento" di cui sopra: "È facile, vivendo nel mondo, vivere secondo l'opinione del mondo; è facile, vivendo in solitudine, vivere secondo noi stessi; ma il grand'uomo è colui che in mezzo alla folla conserva con perfetta serenità l'indipendenza della solitudine." Anche in mezzo alla folla, chi ha fiducia in se stesso continua ad ascoltarsi come se fosse in una condizione di calma, solo con se stesso. Il medico di guerra con anni di esperienza alle spalle, il medico del pronto soccorso sono l'esempio vivente della grandezza di cui parla Emerson: sanno prendere le decisioni giuste perché mantengono quella forma d'indipendenza, quella facoltà di presenza a se stessi che sanno riservarsi malgrado la situazione di caos. "L'uomo dovrebbe imparare a scoprire e a tener d'occhio quel barlume di luce che gli guizza dentro la mente come un lampo, più che lo scintillio del firmamento dei bardi e dei sapienti," commenta Emerson.

Riuscire ad ascoltarsi non è scontato. È una cosa che s'impara attraverso determinati rituali che rappresentano altrettanti appuntamenti con noi stessi. I rituali ci aiutano a prendere le distanze dalle isterie del nostro tempo o dal ritmo frenetico della nostra vita attuale. Ci aiutano a ritrovare noi stessi. Allungarsi due volte la settimana sul lettino di uno psicoanalista, fare jogging tre volte la settimana, praticare regolarmente la meditazione, lo shintaido o lo yoga, celebrare lo shabbat il venerdì, andare a messa la domenica: ognuno di questi rituali ci offre un contesto idoneo all'ascolto di noi stessi. Ci aiutano a uscire dallo status di urgenza per focalizzarci sull'importante. Sono momenti di pausa grazie ai quali riprendiamo respiro, torniamo presenti a noi stessi: momenti durante i quali, molto spesso, i nodi che ci avviluppano si sciolgono, in cui troviamo la soluzione a quel certo problema professionale che ci assilla, in cui realizziamo qual è il nostro vero obiettivo nelle relazioni amorose che intratteniamo, in cui leggiamo più chiaramente in noi stessi. E questa chiarezza spesso si genera in un momento di relax. Noi comprendiamo di poter confidare in noi stessi: di non esserci resi conto che la risposta era dentro di noi. E che, per riuscire a intenderla, avevamo semplicemente bisogno di un contesto appropriato.

Un'esperienza che ho fatto tante volte... Sono allungato sul lettino. Parlo. Come prevede la metodologia freudiana delle libere associazioni, dico le cose "così come vengono". Quando, all'improvviso, affiora una realtà nuova: vedo qualcosa che non avevo mai visto, che non volevo vedere. Capisco meglio perché reagisco come sono solito reagire. La ragione per cui sono angosciato, oppure la ragione per cui sono soddisfatto. Non sto a rimuovere ricordi per convincermi di qualcosa. Non sto a tacitare il mio corpo per dare ascolto alla voce della mia coscienza. Sono lì, tutto intero. Solo che avevo dimenticato di esserne capace. Disponiamo di un notevole talento per mentire a noi stessi; siamo molto bravi a non dare ascolto a noi stessi. Anche per questo motivo, anni fa, sono caduto in depressione, ed è così che ho scoperto la psicoanalisi. Sono uscito dalla depressione abbastanza in fretta, eppure ho continuato ad allungarmi su quel lettino. Ho bisogno di un rituale del genere. Mi offre la possibilità di fare una pausa, mi offre quel contesto entro il quale smetto di mentire a me stesso, entro il quale trovo finalmente il modo di ascoltarmi.

Nel *Piccolo Principe*, la volpe ringrazia il Piccolo Principe per essere venuto a trovarla ma lo rimprovera per non essere venuto alla stessa ora, per essersi presentato in una maniera irrituale:

> "Sarebbe stato meglio ritornare alla stessa ora," disse la volpe. "Se tu vieni, per esempio, tutti i pomeriggi alle quattro, dalle tre io comincio a essere felice. Più l'ora si avvicina, più mi sento

felice. E quando saranno le quattro, comincerò ad agitarmi e a inquietarmi; scoprendo così il prezzo della felicità! Ma se tu vieni non si sa quando, io non saprò mai a che ora preparare il mio cuore... Ci vogliono i riti."

"Che cos'è un rito?" disse il Piccolo Principe.

"Anche questa è una cosa da troppo tempo dimenticata," disse la volpe. "È quello che fa un giorno diverso dagli altri giorni, un'ora diversa dalle altre ore."

"Ci vogliono i riti," fa osservare la volpe. In loro assenza, dovremmo continuare a contare sulla nostra volontà per concederci quei momenti di relax, di presenza a noi stessi. Se tutti i martedì e tutti i giovedì alle diciannove ho appuntamento dallo psicoanalista, mi sento a mio agio, perché è un fatto ritualizzato. Se devo andare a messa tutte le domeniche alle undici, non devo più fare alcuno sforzo per recarmi in chiesa. Il rito mi dà sostegno: si sostituisce allo sforzo che deve compiere la mia volontà. Se la nostra volontà dovesse ogni volta vedersela con vincoli e resistenze, ci ritroveremmo sul lettino una volta al mese e a messa una volta all'anno...

In virtù dei riti, aggiunge acutamente la volpe, "un giorno è diverso dagli altri giorni." E siccome si ripetono, i riti ci consentono di valutare meglio ciò che non si ripete: ci aiutano a percepire i nostri progressi lungo il cammino della vita. Senza quelle fermate regolari, come faremmo a sapere con quale ritmo stiamo procedendo?

Diffidiamo dunque delle nostre esistenze destrutturate, e impariamo a ritrovare il senso del rito che la nostra società ha molto annacquato.

Nel mondo alquanto strutturato anteriore alla Rivoluzione francese, l'esistenza degli individui era sicuramente molto più ritualizzata, ma non ne era valorizzata la capacità di ascoltarsi. Anzi, quest'ultima costituiva una minaccia per la norma, il rischio di un disordine inutile in una società compartimentata. Perché dare fiducia ai singoli quando la società, per funzionare, ha bisogno soltanto della loro sottomissione alle regole e alle tradizioni? Perché esortarli ad ascoltare se stessi quando, per sapere le cose, ci sono gli Antichi e, per decidere, ci sono i principi? Nel mondo prima della Rivoluzione la fiducia in se stessi non aveva davvero alcun senso, salvo per pochi aristocratici dallo spirito cavalleresco. La fiducia in se stessi è un ideale moderno, frutto dei nuovi princìpi democratici e delle opere dei filosofi dei Lumi. "Abbi il coraggio di servirti della tua propria intelligenza! Questo è il motto dell'Illuminismo," scrive Kant. E l'esortazione a fare libero uso della propria ragione non è altro che un'esortazione ad ascoltare se stessi.

Confidare nella propria intuizione, imparare ad ascoltarsi, vuol dire semplicemente essere liberi. Quando cerchiamo protezione riparandoci dietro false verità, quando ci sottomettiamo alle opinioni dei "sapienti", non facciamo che rinunciare alla nostra libertà. Sartre chiama "malafede" una simile rinuncia. Mentre la buonafede è, viceversa, la fiducia nella nostra libertà, della quale spesso ci facciamo un'idea sbagliata o riduttiva: la riduciamo a una totale assenza di vincoli. Nel senso che ci convinciamo di essere liberi nella misura in cui non ci sentiamo più prigionieri delle nostre esistenze.

Poiché le nostre esistenze sono piene di vincoli, concludiamo di non essere liberi. Noi siamo liberi, scrive Bergson, quando siamo pienamente quello che siamo, quando riusciamo a inglobare nell'istante la totalità del nostro passato, del nostro vissuto. In altri termini, quando riusciamo a dare ascolto a noi stessi. Inglobare il passato, il vissuto, non vuol dire semplificarlo in un'unità fittizia o in un'identità forzata, bensì accettarlo così com'è, nella sua irriducibile complessità. Noi siamo liberi quando riusciamo a dare ascolto a noi stessi nella nostra interezza. Il "medico di pronto intervento", quando sviluppa la sua azione, non gode affatto di un'assenza di vincoli, anzi, è impigliato in tutta una serie di lacci e di costrizioni. Eppure è libero, nel senso di Bergson: è interamente se stesso nel cuore dell'azione.

Impossibile, di conseguenza, essere liberi quando riscriviamo la nostra storia omettendone le brutte pagine, sforzandoci di vedere "il bicchiere mezzo pieno". Impossibile, allo stesso modo, essere liberi quando non smettiamo di recitare il mea culpa e vediamo soltanto che "il bicchiere è mezzo vuoto". Sono due opposti che rivelano un'identica mancanza di fiducia in se stessi.

La fiducia in se stessi deve essere una fiducia in un sé *tutto intero*. E questo sé tutto intero non è un nocciolo duro, compatto, perfettamente coerente, su cui sarebbe doveroso contare per trovare o preservare la fiducia. Un nocciolo del genere non esiste. Chi ne invoca l'esistenza e ci spinge a cercarlo per acquisire fiducia in noi stessi è un bugiardo. Peggio, ci spinge contro un muro. Basta sondare un attimo noi stessi per constatarlo. Dove mai si nasconderebbe questo nocciolo? Nel cervello? Nello stomaco? Nel tallone? Nel genoma? Il sé è multiplo, eccentrico, cangiante: prendiamo coscienza della nostra libertà solo quando lo recepiamo così com'è, nella sua mutevolezza. Al che, è come una diga che cede. E noi non siamo più subordinati né a un'unica componente di noi stessi, che ci tiranneggerebbe dall'interno, né a una verità caduta dal cielo, che ci sottometterebbe dall'esterno. Siamo liberati due volte: e finalmente confidiamo in noi stessi.

Non deve sorprendere che Emerson, il filosofo della fiducia in se stessi, abbia esercitato una notevole influenza su Nietzsche, il fustigatore degli spiriti "coscienziosi". L'autore di *Crepuscolo degli idoli* arriva a definire Emerson la sua "anima sorella". E non è nemmeno sorprendente che Emerson sia americano. Il pensatore non è cresciuto in un paese della vecchia Europa, fiero del suo passato plurimillenario e sicuro di trovarvi tutte le risposte alle domande del presente. Emerson è figlio di un paese giovane, scoperto in virtù di un errore, capace di valorizzare lo spirito pionieristico, che è poi lo spirito specifico della fiducia in se stessi. Negli Stati Uniti, la subordinazione a quella che Max Weber chiama brillantemente "l'autorità dell'eterno ieri" è un elemento molto meno diffuso che da noi. Il pioniere osa ascoltarsi. E, del resto, non ha altra scelta, essendo appunto il primo esploratore del suo territorio.

In ciascuno di noi è in atto una continua lotta tra lo spirito del "Coscienzioso" e lo spirito del Pioniere. Più ascoltiamo noi stessi, più lo spirito del Pioniere prende il sopravvento. Meno obbediamo ciecamente ai dogmi e alle tradizioni, maggiore è lo spazio concesso alla fiducia in noi stessi. "Abbi fiducia in te stesso," incita Emerson: "ogni cuore vibra su quella corda di ferro." Impariamo ad avvertire quella vibrazione, a farla nostra. A prestare meno attenzione ai rumori esterni, alle voci di tutti coloro che ripetono a gara che "è molto urgente", che "questo non si discute" o che "le cose sono sempre andate così". Sono voci che non staranno mai zitte. Confidare in noi stessi vuol dire trovare la forza di distoglierci da queste voci per volgerci verso noi stessi e riuscire ad ascoltarci.

4. Meravigliatevi
Quando la bellezza ci dà fiducia

> Non può esistere tetraggine per chi vive nel grembo della natura e tiene i sensi allenati. [...] Fino a che potrò contare sull'amicizia delle stagioni, sono sicuro che nulla potrà trasformare la mia vita in un pesante fardello.
>
> Henry David Thoreau

Se ancora continuiamo a dubitare della nostra capacità di ascoltarci, prendiamo almeno coscienza di tutti quei momenti in cui confidiamo in noi stessi... senza rendercene conto.

È un'esperienza semplicissima, che facciamo regolarmente. Stiamo passeggiando per la campagna e, d'un tratto, siamo colpiti dalla bellezza di un paesaggio ondulato. Ci perdiamo nella contemplazione di un cielo stranamente luminoso. Ci imbattiamo, ascoltando la radio, in una canzone che ci commuove. E lo troviamo bello. Non diciamo che ci piace, diciamo "è bello", come se tutti dovessero giudicare quell'istante bello come lo troviamo noi.

Quale tipo di fiducia in noi stessi dobbiamo dunque nutrire per osare enunciare una simile verità generale? Non abbiamo forse una tale fiducia nel nostro giudizio da non avvertire nemmeno il bisogno di argomentarlo? Giudichiamo dunque liberamente, senza tener conto di alcun criterio estetico. È bello – e nient'altro. Non è bello *perché.* È bello perché non esiste alcun *perché.* Noi che tanto spesso dubitiamo di noi stessi, ecco che di colpo non dubitiamo più: la contemplazione della bellezza ci autorizza finalmente ad ascoltare noi stessi.

Ricordo, nel dettaglio, una certa sera d'estate. Mi trovo in Corsica, cammino in direzione della spiaggia e penso alla vita che mi sta sfuggendo via. Dubito praticamente di tutto. Dovrò riuscire e riprendere in mano le redini della mia vita, ma manco di metodo, non so come fare. Devo prendere una decisione ma stento a individuare quale possa essere. D'un tratto, vedo quella luce sul mare, quello scintillio argentato. La luce inizia a declinare, eppure è come se aumentasse d'intensità. Tutto, all'improvviso, si fa più reale, più presente. Tutto, paradossalmente, suggerisce, in quel magico luccichio, l'idea dell'eternità. Non ho più il minimo dubbio: è bello.

"È bello": è un enunciato semplice, colmo di quell'autorità che sovente ci fa difetto. In tante altre occasioni, al lavoro, in famiglia, non siamo capaci di esprimere una tale autorità. Sentiamo di non avere argomenti da far valere. Mentre, nell'esperienza estetica, affascinati dalla luminosità di un cielo, dalla voce di una cantante o dalle prime note di una cantata sacra, scopriamo in quale misura siamo in grado di ascoltarci. Ogni volta che dichiariamo che una cosa è bella, senza confidare in null'altro se non in ciò che la bellezza ci ispira, reimpariamo a confidare in noi stessi.

"Il bello è sempre bizzarro," affermava Baudelaire. E in effetti è strano: l'esperienza estetica non è mai semplicemente estetica. Rendendoci più presenti a noi stessi e al mondo, essa ha anche il potere di risvegliare, di provocare, forse anche di allenare la nostra fiducia in noi stessi.

Ecco, con ogni probabilità, perché la nostra emozione estetica ci fa interamente partecipi di questo suo potere. Quando giudico bello il paesaggio corso, non attribuisco il mio giudizio alla sola sensibilità. È vero che i miei sensi ne sono coinvolti, ma il piacere estetico non può ridursi a un piacere sensuale, a un godimento degli occhi e delle orecchie. Il paesaggio in questione implica anche dei valori, una carica di senso: mi fa pensare all'infinito, a Dio, alla libertà... Il mio piacere implica dunque anche una dimensione intellettuale, oltre che una dimensione sensoriale. Sono sì consapevole di amare questo paesaggio, ma lo stesso paesaggio mi affascina anche per ragioni inconsce, risvegliando in me la componente più segreta del mio essere. Quando ci mostriamo sensibili alla bellezza di un paesaggio, non ascoltiamo un'unica componente di noi stessi, in realtà confidiamo nell'armonia di tutte le nostre facoltà: sensibilità, intelligenza, inconscio, immaginazione... Ed è una simile armonia ad autorizzarci a parlare di fiducia in "sé", e anche in un *sé tutto intero*, e non solo di fiducia nella propria sensibilità o nella propria ragione.

Del resto, quando prova a decifrare l'enigma dell'esperienza estetica, Kant fa appello a un "gioco libero e armonioso delle facoltà umane." Quando ci mostriamo sensibili alla bellezza di un paesaggio, il conflitto intimo che tanto spesso ci dilania sembra miracolosamente placarsi. Non ci sentiamo più dilaniati tra una ragione che ci ordina questo e un sentimento che ci reclama quello... La cacofonia interiore tace per un momento: un momento in cui siamo finalmente in sintonia con noi stessi. E ascoltarsi, allora, diventa molto più facile...

Davanti all'opera di un artista siamo a volte tentati di chiederci "che cosa ha voluto dire". Per cui la nostra riflessione rischia di prevalere e d'impedirci di cogliere quell'armonia interna che ci regalano, con maggiore immediatezza, i paesaggi incantevoli: a forza di troppo cercare ciò che l'artista ha voluto rappresentare, non riusciamo più ad avvertire in noi l'effetto dell'opera d'arte. Ma può anche accadere di trovarci davanti a un'opera d'arte come davanti a un paesaggio naturale: senza porci domande in merito all'intenzione che può averla ispirata. Contemplare l'opera o ascoltarla ci basta e avanza, ci riempie di una gioia profonda e ci rende attenti a quanto si muove dentro di noi. Tanti adolescenti dubbiosi di sé hanno scoperto, un giorno, ascoltando per la prima volta David Bowie o John Lennon, di essere capaci di attingere a una forma di sicurezza interiore, a una fiducia nel proprio giudizio: nessun dubbio, è bello. Tanti uomini e tante donne che incontrano difficoltà a confidare in se stessi si sentono di colpo autorizzati, grazie al *Requiem* di Mozart o alla *Fantasia in fa minore* di Schubert, ad ascoltare finalmente se stessi. Non hanno bisogno di rivolgersi a esperti per sapere che cosa Schubert ha messo in musica nel suo capolavoro: le speranze deluse, i limiti della tracotanza umana, la malinconia a volte squisita, e la gioia brutale che nonostante tutto sa ancora far breccia ed esplodere. Devono soltanto lasciarsi trasportare dall'emozione; e lo sanno bene. Frequentare la bellezza è un modo per avvicinarsi al proprio essere. Non solo per "evadere", quanto per affondare in se stessi, in modo da ritrovare la possibilità della fiducia.

Ecco perché avvertiamo gratitudine nei confronti degli artisti che ci emozionano. E abbiamo voglia di ringraziarli per l'opportunità che ci offrono. Ho scoperto i romanzi di Françoise Sagan verso i diciotto anni. La "piccola musica" della sua scrittura così fluida, solo apparentemente semplice. *Bonjour tristesse*, che l'autrice ha scritto a diciassette anni, si apre con queste parole così melodiose: "Su questo sentimento sconosciuto, il cui tormento, la cui dolcezza mi ossessionano, esito ad apporre il nome, il bel nome grave di tristezza." Uno scrittore è una voce, una nota trattenuta. Come rintracciarla, quando non si è capaci di ascoltarsi? Françoise Sagan era così giovane, eppure ci era già riuscita. E, per poter continuare a suonarla, doveva essere lei la prima a udire la "piccola musica" delle sue parole... Più la leggevo, più sentivo crescere in me il desiderio di scrivere. Mi dicevo: posso farlo anch'io, posso trovare la mia voce, la mia tonalità, ascoltarmi con altrettanta libertà.

"Le grandi opere d'arte," scrive Emerson in uno dei primi capoversi di *La fiducia in se stessi*, "non ci offrono una lezione chc sia per noi più significativa di questa. Esse ci insegnano ad affidarci alle nostre impressioni genuine con serena inflessibilità." In definitiva, quando diciamo "è bello", probabilmente alludiamo sia al paesaggio o alla canzone sia a quella fiducia che sta maturando dentro di noi, irresistibilmente. Ogni volta che la bellezza ci commuove, ci dà anche la forza di osare essere noi stessi.

Provare il bisogno di leggere le critiche, dare ascolto alle guide o alle opinioni delle persone informate per sapere se "è bello" vuol dire mancare di fiducia in se stessi. Vuol dire non assecondare la nostra spontaneità ma obbedire alla dittatura del "che cosa è doveroso pensarne" – che è poi una definizione dello snobismo –, vuol dire, ancora una volta, mancare di fiducia in se stessi.

Frequentiamo dunque la bellezza quanto più liberamente possibile e il più spesso possibile. In campagna come in città, impariamo ad aprire gli occhi: la bellezza è ovunque; ovunque dà appuntamento alla nostra libertà. Percorriamo le sale dei musei senza farci influenzare dalle guide, ascoltandole quel poco che basta a prendere fiducia in noi stessi, a non sentirci inibiti dalla nostra cultura limitata, per poi, alla fine, osare il *salto* di un rapporto diretto e immediato con le opere, il salto della fiducia in noi stessi.

Ricordo ancora l'emozione che ho provato la prima volta che mi sono trovato davanti a un Rothko. Una tela immensa, arancione e gialla. D'un tratto lì, davanti a me. Una pura presenza. Ma la bellezza è una presenza che ne richiama un'altra. Ero davanti al quadro di Rothko come se fossi stato davanti al mare della Corsica: la medesima certezza di trovarmi di fronte alla bellezza, di scoprire in quella vibrazione della luce qualcosa di eterno, di vero. Una densità inaudita di spiritualità racchiusa nel cuore della materia. In realtà non ne sapevo niente, non sapevo nemmeno chi fosse Rothko. Eppure non avevo dubbi. Nutrivo una completa fiducia nel mio sentire, nel mio giudicare, in me. Ed era, al tempo stesso, una fiducia nell'artista che non conoscevo, nell'arte, nella bellezza, nella vita.

Dal momento in cui impariamo ad accoglierla dentro di noi, liberamente, la bellezza può affrancarci dalle inibizioni che ci affliggono. Dichiarare "è bello" senza fare appello a criteri estetici vuol dire, ogni volta, maturare una maggiore fiducia in noi stessi. La bellezza ci regala molto altro: ci colma di una forza vitale, ci aiuta a ritrovare il coraggio. È un'esperienza che abbiamo già vissuto. Forse nei musei, probabilmente ascoltando musica, sicuramente in mezzo alla natura. Consumati dall'ansia, carichi di dubbi, convinti di non riuscirci mai, proviamo a camminare lungo la campagna, a contemplare le cime innevate o semplicemente i raggi del sole filtrare tra i rami… Ed ecco, d'un tratto, che tutto ci sembra possibile.

È un'esperienza del genere quella che ho vissuto in Corsica, ed è un'esperienza del genere quella che riferisce Henry David Thoreau, peraltro amico intimo di Emerson, nel suo capolavoro *Walden ovvero Vita nei boschi*: "Non può esistere tetraggine, per chi vive nel grembo della natura e tiene i sensi allenati. Non può mai esistere tempesta che non sia accompagnata da musica eolica per l'orecchio innocente di un essere in buona salute. [...] Fino a che potrò contare sull'amicizia delle stagioni, sono sicuro che nulla potrà trasformare la mia vita in un pesante fardello."

Qui la bellezza della natura non si limita ad autorizzare in noi la manifestazione di un giudizio sulla medesima. Qui la bellezza ci riempie talmente di sé da darci la forza di credere in noi stessi. Anche se non è poi così facile capire di che cosa si tratta. Chi è in grado di trasmetterci, tramite la semplice contemplazione della bellezza della natura, una tale fiducia? Dopotutto, quelle belle forme sono, per definizione, superficiali. Allora, perché ci toccano così profondamente, al punto da procurarci quel senso di appagamento di cui si nutre la fiducia?

La contemplazione, infatti, ci consente semplicemente di relativizzare, di cambiare sguardo, prospettiva. Davanti a tanta bellezza, davanti al miracolo dell'aurora, del nostro pianeta che pare rinascere sotto i nostri occhi come il primo mattino del mondo, prendiamo le distanze dalle nostre ansie. Davanti al mistero di una simile luce, le nostre preoccupazioni ci appaiono improvvisamente di scarsissimo significato.

Ma c'è anche un'altra cosa. Noi avvertiamo che dentro una tale bellezza agisce una forza che ci trascende, e che è esattamente in quella forza che noi confidiamo. Non contempliamo più solo una bellezza esterna a noi. In realtà ci sentiamo attraversare da un'energia che è sia in noi sia fuori di noi. Allora non siamo più semplici spettatori della bellezza del mondo. Siamo restituiti alla nostra presenza nel mondo. Lo abbiamo dimenticato ed ecco che la bellezza ce lo ricorda: noi abitiamo quel mondo. Il quale non è più solo qualcosa che dobbiamo rendere oggetto di speculazione o di profitto, è la nostra casa. E, quando ci si sente a casa propria nel mondo, è più facile confidare in se stessi.

"Perché allora discorriamo di fiducia in se stessi?" domanda Emerson. "Parlare di fiducia è un misero modo di esprimersi. Parlate piuttosto di ciò che ha fiducia in quanto esiste e opera." Per Emerson, "ciò che ha fiducia" e "opera" è una forza divina di cui avvertiamo la presenza quando ci liberiamo degli affanni e ritroviamo la pace della natura. Quella che Emerson chiama forza divina è la stessa che gli stoici chiamano energia cosmica, i cristiani Dio, i romantici Natura e Bergson slancio vitale – in fondo, poco importa il nome. Non è per l'appunto quel qualcosa che avvertiamo quando ci lasciamo assorbire dalla contemplazione di un cielo, quando guardiamo i tralci nodosi di un vigneto con le loro radici gonfie di linfa vitale, o i girasoli che si volgono verso il sole con vigoroso accanimento? Qualcosa, in effetti, nella bellezza della natura, "esiste e opera". Per cui comprendiamo che la fiducia in se stessi non può semplicemente essere una fiducia... in se stessi. È anche fiducia in ciò che è operante in natura, in questo slancio che la attraversa e traspare dalla sua bellezza. Ritroviamo così l'idea secondo cui la fiducia in sé è sempre, al contempo, una fiducia nell'altro da sé. Come il bambino prende fiducia in se stesso perché sa di poter contare sugli altri, la fiducia in noi stessi che ci dona la bellezza è, al contempo, una fiducia in quella forza che vibra dentro la natura e che la rende così bella.

In sostanza, davanti a quella natura che ha dato consolazione a tanti uomini e a tante donne prima di noi, nel momento in cui affermiamo "è bello", affermiamo al contempo l'esistenza di una fiducia in tutti gli altri uomini, in una possibile comunione universale attorno a quella bellezza. Come se il sentimento di comunanza con noi stessi ci stimolasse a condividerlo con gli altri. È una comunione che, probabilmente, non avrà luogo, ma, provando in quel momento quella particolare emozione, vorremmo che quel momento e quell'emozione fossero di tutti. E, nell'intensità di quest'attimo felice, noi ci crediamo. "È bello" diventa un'affermazione frutto della fede, dell'invito alla condivisione. Anche per questo la fiducia in se stessi è al contempo fiducia nell'altro da sé: nella bellezza, quindi, di quella forza operante, ma anche in una possibile comunione tra tutti gli uomini, al di là delle singole differenze.

L'alpinista Patrick Edlinger pratica sport estremo e al tempo stesso è un esteta. Guardare quest'uomo, che ha rivoluzionato la tecnica della scalata, arrampicarsi da solo senza alcun equipaggiamento di sicurezza, scalare con mani e piedi le lisce pareti delle montagne più alte, è letteralmente affascinante. Nel documentario che gli è stato dedicato – *La vie au bout des doigts* –, a impressionare è innanzitutto la sua maestria tecnica, l'assoluta competenza, tanto più evidente in quanto Edlinger si arrampica senza equipaggiamento, indossando dei semplici short di tela, una canottiera e una piccola riserva di talco allacciata alla schiena. I suoi gesti sono così perfetti che sembra non fare il minimo sforzo, soprattutto nei momenti di cambiamento di presa sulla roccia, quando il peso del corpo passa da una mano all'altra. Quando allunga la mano verso la schiena per rifornirsi di talco, lo fa rimanendo completamente sospeso nel vuoto, trattenuto solo dall'altra mano, più esattamente dalla punta delle dita. Scoprendo il suo modo di vivere – ha abitato in una roulotte sperduta nel cuore di stupendi paesaggi – e ascoltandolo rispondere alle domande, comprendiamo quale ruolo fondamentale occupi, nella sua preparazione, la contemplazione della natura. Ha vissuto, alla lettera, in mezzo a quella bellezza, in comunione con le forze della natura. Il tempo che non ha trascorso ad allenarsi, a irrobustire i muscoli o ad acquisire maggiore agilità, lo ha trascorso in estasi al cospetto dell'azzurro del cielo, della sovranità delle alte vette o della arrogante semplicità delle cime, in un dialogo ininterrotto con la bellezza del mondo. Da dove ha attinto la sua fiducia al momento di partire, da solo, senza corda né equipaggiamento, per un'ascensione al limite, rischiosissima? È chiaro che confida nella propria competenza e nella propria esperienza. Ma confida altrettanto nella natura stessa, in quella bellezza che gli trasmette tanta forza e lo accompagna giorno dopo giorno. Quindi, *in ultima analisi*, è impossibile separare la fiducia che gli assicura l'immensa competenza dalla fiducia che trova al di là di se stesso: negli elementi naturali, nell'equilibrio stesso del mondo, di cui la bellezza è l'indizio, per non dire la prova.

Il suo esempio è ricco d'insegnamenti per tutti noi, anche se noi non scaliamo a mani nude le più alte vette del mondo.

Ci dice che il fatto di contare al massimo su se stessi, sviluppando il più possibile il proprio talento, non impedisce di contare su qualcosa che è più grande di noi.

Ci dice che, dietro la fiducia in se stessi, c'è una fiducia più occulta, più segreta, ma anche più profonda, nell'altro da sé.

Ci dice che possiamo lasciarci ispirare dalla bellezza: la bellezza può diventare la guida migliore.

5. Decidete
La fiducia nel dubbio

> Il saggio considera, in tutte le cose, non il risultato, ma la decisione che ha preso.
>
> Seneca

Quando tergiversiamo senza fine e siamo incapaci di trovare lo slancio per deciderci, tendiamo a invocare la mancanza di argomenti, di dati, di conoscenze… Ma, così facendo, siamo in malafede: perlopiù, manchiamo semplicemente di fiducia. Come abbiamo visto in merito all'esperienza estetica, quando decidiamo che il tal paesaggio è "bello", lo decidiamo non perché disponiamo di argomenti inconfutabili, ma perché osiamo ascoltarci, darci fiducia.

Una giovane donna ha ricevuto una proposta di lavoro allettante, eppure esita. Il posto che occupa attualmente non è molto stimolante, ma le offre certi vantaggi: stipendio adeguato, colleghi simpatici, vicinanza a casa, impiego sicuro. Non è il lavoro dei suoi sogni, ma è un'occupazione che comunque la soddisfa.

Il posto che le propongono è proprio quello che sperava e le permetterebbe finalmente di sviluppare tutto il suo talento. Ma l'azienda è una piccola-media impresa, situata lontano da casa, non conosce i suoi futuri colleghi e la quota fissa dello stipendio è leggermente inferiore allo stipendio attuale. Potrà guadagnare di più, ma solo se tutto funzionerà a dovere... La donna, dunque, interroga se stessa. Da un lato, la sicurezza, una quotidianità gradevole, non proprio una vita appassionante ma una tranquillità d'animo rassicurante, per una giovane come lei, che sta crescendo due figli da sola. Dall'altro, un incarico più ambizioso, ma anche maggiori rischi, per lei come per la famiglia. Da qualunque lato consideri il da farsi, la paura di sbagliare la paralizza. I giorni passano e non riesce a decidersi. Come uscire da una tale indecisione? Come arrivare a fare una scelta?

Decidere vuol dire trovare la forza di assumersi una responsabilità malgrado l'incertezza, riuscire a orientarsi nel dubbio, malgrado il dubbio. Vuol dire compensare la mancanza di argomenti decisivi con la capacità di ascoltarsi, o semplicemente di decidere, in modo da rimettersi in movimento. In tutti e due i casi è una questione di fiducia in se stessi. Ed è un impegno non facile: occorre "farsi carico", essere disposti ad assumersi la responsabilità di conseguenze imprevedibili, ma è questo il tratto specifico di una decisione. Essa ci obbliga a scegliere senza nemmeno il suffragio di un'argomentazione indiscutibile. Non diciamo alla cieca, ma certo nemmeno nella massima chiarezza.

Ebbene, una tale difficoltà non è altro che la difficoltà connaturata al nostro vivere. E siccome tutti noi siamo esseri liberi e non macchine programmate, dobbiamo accettare la presenza di un elemento irriducibile d'incertezza. E probabilmente non basta accettarne la presenza, dobbiamo anche considerarlo con favore. È quanto questa giovane donna non riesce a fare. Ogni decisione è, per definizione, rischiosa: più consentiremo a quella componente di rischio, più saremo in grado di decidere concretamente, e di farlo con un atteggiamento positivo. Anche se riduciamo il rischio al massimo, un certo margine d'incertezza esisterà sempre. E non ammettere che esiste vuol dire condannarsi a non decidere, o a decidere con la paura in pancia. Ossia a decidere in modo sbagliato.

La nostra esistenza ci pone continuamente di fronte a scelte da compiere: prendere un impegno, traslocare, cambiare lavoro. Ma nessuno potrà decidere al nostro posto e spetta a noi presentarci all'appuntamento, quando la vita ci obbliga a prendere una decisione. Se non sappiamo valerci appieno del nostro potere di decidere, la nostra vita sarà una sequenza di non-scelte, e ci scivolerà tra le dita, portandosi via la nostra fiducia. Non esiste fiducia in se stessi senza una padronanza della difficile arte della decisione.

In questo senso può soccorrerci la filosofia, nella misura in cui ci aiuta a capire la differenza tra scegliere e decidere: due termini che spesso confondiamo. È vero che essi vengono a volte impiegati come sinonimi, ma è anche vero che obbediscono a due logiche diverse.

Scegliere vuol dire scegliere secondo logica, razionalmente, dopo un esame che ha ridotto il margine d'incertezza come una pelle di zigrino. Tra due mete di vacanza, se, con un budget uguale, la prima presenta obiettivamente maggiori vantaggi rispetto alla seconda e corrisponde meglio alle nostre aspettative, finiremo per *scegliere* la prima. In tal caso non abbiamo bisogno di una vera fiducia in noi stessi: ci basta riflettere e fare i calcoli giusti. Ma quando le due mete sono entrambe attraenti per differenti ragioni, e non ci sono elementi oggettivi per privilegiare la prima rispetto alla seconda, allora dobbiamo *decidere*.

Scegliere vuol dire fondarsi su criteri razionali per suffragare le nostre decisioni. Decidere vuol dire compensare l'insufficienza di tali criteri con l'uso della propria libertà. Scegliere vuol dire sapere prima di agire. Decidere vuol dire agire prima di sapere.

Di conseguenza, siamo più liberi quando decidiamo che quando scegliamo, perché non siamo tenuti a obbedire a criteri indiscutibili. Ma una tale libertà, molte volte, ci manda in crisi.

Può succedere che il dubbio della giovane donna si trasformi addirittura in angoscia. La donna teme le conseguenze della sua scelta. Se non cambia azienda, sa che la sua vita sarà sì più tranquilla ma mediocre, e sa che non offrirà ai figli un esempio stimolante. Se invece corre il rischio di cambiare, sa che dovrà assumere l'onere dell'instabilità a cui la famiglia potrebbe andare incontro. Quanto le piacerebbe non dover decidere! E l'angoscia le deriva proprio dalla libertà di cui dispone.

Nella nostra pratica professionale parliamo, spesso a torto, di decisioni, quando invece si tratta di semplici scelte. Quando ci dobbiamo solo affidare al buonsenso o a un foglio di calcolo Excel, quando dobbiamo solo rispettare le abitudini o le *procedure*, non dobbiamo, in realtà, decidere nulla. Il problema della decisione si pone quando abbiamo esaurito le risorse della ragione e tuttavia permane una componente d'incertezza. Non potendo essere sicuri della bontà della nostra scelta, ci troviamo di fronte alla necessità di prendere una decisione – dal latino *decidere*, "tagliare", "troncare". Ecco perché non "ci capacitiamo" di dover decidere! È difficile: sarebbe molto più facile scegliere... E soffriamo perché vorremmo semplicemente scegliere laddove la vita ci chiede di decidere.

Per vivere meglio, ricorda Wittgenstein, basta a volte pensare meglio, chiarirsi certe distinzioni concettuali. Comprendere la differenza tra scegliere e decidere ci aiuta sia nelle piccole cose, come ordinare un piatto al ristorante, sia nelle grandi decisioni, come cambiare professione o prendere un impegno con qualcuno. Al ristorante, se aspettiamo di essere certi di non sbagliare per decidere tra il pollo ruspante e l'arrosto di maiale, rischiamo di aspettare a lungo – e di fare aspettare gli altri. Solo l'ammettere apertamente la nostra incertezza ci renderà capaci di decidere più in fretta.

Perché la giovane donna non riesce a decidere se accettare o meno l'offerta del nuovo lavoro? Perché vive l'incertezza in modo sbagliato. Consciamente o inconsciamente, sembra aspettare che sia un software di trattamento dei dati ad analizzare il suo caso, a prefigurarle il futuro e a indicarle l'opzione giusta. Ma quel software non esiste. È proprio per questo che la vita è bella. Anche se lei lo dimentica. Del resto, tutti quanti noi tendiamo a dimenticarlo. Siamo tutti quanti paralizzati dall'incertezza perché dimentichiamo quanto sarebbe triste la vita se ogni cosa fosse prestabilita, prevedibile. È vero che possiamo sbagliare. È vero che le conseguenze possono essere disastrose. Ma l'incertezza non è altro che il sale del nostro vivere. Se rifiutiamo la realtà dell'incerto, la nostra negazione ci tormenterà interiormente privandoci della lucidità, della capacità di ascoltarci. Viceversa, se l'accettiamo davvero, troveremo paradossalmente il coraggio di decidere. Forti della nostra lucidità, decideremo in piena coscienza. Saremo in grado di ammettere più serenamente la possibilità, intrinseca a ogni decisione, che la decisione stessa non sia quella giusta.

Guadagnare fiducia in se stessi esige dunque una metamorfosi interiore: dobbiamo aprire la porta al dubbio, convincerci fino in fondo ad ammettere l'incertezza. E si tratta di un'apertura non facile, perché, per limitare l'incertezza, di solito facciamo uso della nostra intelligenza. Per riuscirci, insomma, abbiamo bisogno di una filosofia, forse anche di una massima sapienziale. “Il cielo è dentro di noi,” dice un proverbio dello Sri Lanka, lasciando intendere che molte rivoluzioni traggono origine da mutamenti interiori... Un margine d’incertezza resterà sempre: è una realtà che non possiamo modificare. Possiamo però modificare il modo di recepirla. A deprimerci, ad angosciarci, è il fatto di negare l’evidenza. Mentre è tutto più facile per chi rinuncia a negare l’evidenza e riesce a guardare in faccia l’incertezza.

È quanto accade, alla fine, alla giovane donna, mentre fa footing in riva alla Senna. Trova il proprio ritmo, torna a sentirsi bene. Guarda l’incertezza in modo diverso: “Il successo non è assicurato,” dice a se stessa, “il futuro non è scritto, e non può essere altrimenti. Ma io tento ugualmente l’avventura. È deciso: cambio lavoro.” La giovane prende la sua decisione con cognizione di causa. Si sente forte. Non perché sia sicura di aver preso la decisione giusta. Semplicemente perché ha deciso.

L’ammissione dell’incertezza è la prima tappa della metamorfosi interiore, della saggia decisione. Ma l’ammissione può diventare un vero consenso, e dunque trasformarsi in una forma particolare di piacere, persino di gioia. Possiamo addirittura arrivare ad accettare l’idea che la nostra decisione possa non essere quella giusta. Perché tale possibilità ci richiama alla mente il fatto che abbiamo osato prendere una decisione rischiosa e che la vita non è una scienza esatta. Più consentiamo alla possibilità dell'errore, più ci mettiamo alla prova come liberi soggetti, capaci di decidere. Prendere fiducia in se stessi vuol dire imparare ad amare la propria libertà anziché averne paura. E sentirsene capaci comporta una gioia particolare.

Nella tradizione filosofica, il pensatore che ha sottolineato con maggior genialità la differenza tra scegliere e decidere è Kierkegaard. L'autore del *Diario del seduttore* utilizza tale distinzione per definire la sua fede. Vedendovi un "salto metarazionale", un salto che va oltre la ragione, oltre la scelta razionale. In altre parole, una decisione assoluta. E irride coloro che pretendono di "scegliere" Dio, riducendo la fede a una questione di argomenti, di valori o, peggio, al risultato di una dimostrazione razionale. Secondo lui, mancano di fiducia in se stessi come mancano di fiducia in Dio. Non sono liberi. Per un mistico come Kierkegaard, credere in Dio è pura follia: la più bella delle follie, certo, ma comunque una follia. Avrebbe potuto fare sua l'affermazione di Pascal: "Dio non si dimostra, si sperimenta". Non abbiamo alcuna "ragione" per credere in Dio. Anzi, se considerassimo la violenza della Storia, e la capacità d'immaginazione degli uomini quando compiono il male, troveremmo se mai delle ottime ragioni per non crederci. Ma, riprende Kierkegaard, è proprio in conseguenza di ciò, che siamo *liberi* di crederci: di decidere che esiste. Se l'esistenza di Dio fosse dimostrabile attraverso un ragionamento scientifico, un sistema di equazioni o l'armonia matematica del mondo, allora non ci sarebbe più bisogno di crederci: la sua esistenza dipenderebbe da una forma di sapere. Ma se nulla prova la sua esistenza, se non possiamo fondarci su alcun argomento oggettivo, allora, per crederci, possiamo confidare unicamente in noi stessi. Affermando che la fede dipende da una decisione e non da una scelta, Kierkegaard la affranca dalla subordinazione ai dogmi e agli argomenti: diventa una questione di cuore, di libera inclinazione, di pura fiducia. Non solo. Ci dice qualcos'altro di fondamentale: più la decisione prescinde da una semplice scelta razionale, più richiede che noi sappiamo confidare in noi stessi.

Ed è quando tale fiducia in noi stessi raggiunge il punto di escandescenza che accende la fiducia nell'altro da sé. La fiducia in sé è nello stesso tempo, per il credente Kierkegaard, una fede in Dio. Ma potrebbe pure chiamarsi fiducia nell'avvenire, negli altri, nella vita...

Decidere vuol dire fare atto di presenza nel cuore dell'incerto, ossia nel cuore della vita stessa. Ogni volta che prendiamo una decisione in piena coscienza, impariamo un po' di più a confidare in noi stessi.

Le piccole cose del quotidiano appaiono, da questo punto di vista, altrettante occasioni di allenamento. Esse costituiscono una sorta di pratica, di preparazione per le grandi decisioni. Alleniamoci a decidere più alla svelta, accogliendo in noi il dubbio e non la sua negazione. Ci troviamo, come ogni mattina, davanti allo specchio: vestito o pantalone? T-shirt o camicia? E i jeans? Sì o no? Non è che il problema non esista, ma può impegnarci così a lungo? Siamo davanti alla scrivania: su un Post-it, una lista di cose da fare. Con quale cominciare? Per quanto semplice possa sembrare, l'apprendimento della fiducia in se stessi passa attraverso quest'allenamento quotidiano: apprendere a decidere più in fretta in merito alle piccole cose. Così, ogni volta, impariamo a confidare nella nostra libertà. Se non siamo in grado di decidere in merito alle piccole cose, come potremmo riuscirci quando l'obiettivo sarà molto più importante? Più sappiamo decidere, più acquisiamo fiducia in noi stessi, e più una tale fiducia alimenta a sua volta la nostra capacità di decidere, come in un circolo virtuoso. Viceversa, meno riusciamo a decidere, più ci pare difficile trovare la forza per farlo. Sarà allora la vita a incaricarsene… "Non esiste problema che un'assenza di soluzione non finisca per risolvere," scherzava il presidente del consiglio Henri Queuille. Non decidere nulla è una forma di decisione, ma è la più misera e la meno autorevole che esista.

Si dovrebbe insegnare di più a decidere. E le occasioni non mancano di certo. Al liceo, per fare un esempio, molti professori che concedono agli alunni la "scelta" tra più temi da svolgere potrebbero insistere sul fatto che si tratta, in primo luogo, di imparare a decidersi, e a decidersi rapidamente. Potrebbero dire loro: "Voi non scegliete un tema anziché un altro perché l'argomento è in sé più interessante, lo scegliete perché siete voi per primi a trovarlo interessante – ed è in questo modo che decidete di farlo diventare interessante." Aiuterebbero gli alunni che mancano di fiducia in se stessi e che perdono troppo tempo a "scegliere" il tema, pesando a lungo i pro e i contro, come se aspettassero l'improvviso rivelarsi di una ragione indiscutibile, tale da farli decidere in favore dell'uno o dell'altro.

Come spiegare che, ancora oggi, un *decisore*, un responsabile politico o anche economico, possa vantare un curriculum di studi prima presso Scienze politiche e poi presso l'École Nationale d'Administration senza che abbia seguito anche un solo seminario sulla decisione? Corsi del genere esistono nelle varie facoltà di scienze politiche, ma restano opzionali. Negli istituti a indirizzo commerciale, da alcuni anni, sono sì comparsi dei corsi sulla decisione, ma sovente sotto la dicitura "scienze della decisione", una formula che pare confondere la decisione con la logica della scelta. Non sarebbe nettamente preferibile "Arte della decisione"?

Insegniamo ai nostri figli, il più in fretta possibile, la differenza tra scegliere e decidere. Diciamo loro che, per decidersi, non devono attendere la cancellazione di ogni dubbio. E che, anzi, la loro libertà si esplica proprio procedendo nel dubbio. Ricordiamo loro che i grandi protagonisti che hanno fatto progredire l'umanità hanno profuso ogni energia senza essere affatto sicuri del risultato: Gandhi, de Gaulle, Martin Luther King... hanno avuto il coraggio di affrontare l'incerto. Insegniamo ai nostri figli che hanno questo potere, questa sovranità nell'incertezza. Possiamo metterli alla prova anche ponendoli di fronte a decisioni semplicissime. Come quando mostrano incertezza tra due regali, due gruppi di lavoro, due amici da invitare... Non esitiamo a dire loro, in tutta franchezza: "Forza, lanciati, decidi. Domani non avrai in mano più elementi di oggi, e nemmeno tra dieci minuti. E poi, soprattutto, ricordati che se non lo fai tu, ci sarà qualcun altro che lo farà al posto tuo. Che cosa preferisci? Anche se sbagli, la vita ti avrà pur sempre insegnato qualcosa. Abbi fiducia in te stesso, concedile la tua fiducia."

Ogni volta che prendiamo una decisione, valutiamo in quale misura la fiducia in se stessi sia, al contempo, una fiducia nella vita. In caso d'errore, potremo sempre correggere il tiro. "La rotta della migliore nave," scrive Emerson, "è pur sempre una linea a zig-zag fatta di centinaia di deviazioni." E quando il vento contrario la investe, la nave non ha altra scelta se non quella di virare, se vuole proseguire la navigazione. E noi siamo come quella nave, obbligati a procedere a zig-zag, a provare e poi a correggere. “Errare è umano,” dice il proverbio. E significa non solo che dobbiamo sentire comprensione per chi sbaglia, ma anche che il fatto di sbagliare è il modo propriamente umano d’imparare. Commettere errori e poi correggerli: non è un modo tra i tanti, è il nostro solo modo di progredire. Per noi animali umani, c’è sempre un vento contrario pronto a investirci.

Decidere vuol dire uscire dalla zona di comfort. Per fortuna, nelle nostre vite, professioni, pratiche o relazioni con gli altri, esistono molte cose che non dobbiamo decidere. E per scegliere disponiamo spesso di sufficienti argomenti: anzi, ne padroneggiamo un numero più che sufficiente per non correre il rischio di decidere. Possiamo far leva su abitudini, grado di professionalità, certezze. L’unica apprensione è che una tale logica della padronanza, della scelta sicura, non minacci la nostra capacità di decidere, di osare quella forma di “non-padronanza” di cui s’è detto, quel salto qualitativo rappresentato da qualsivoglia decisione; e di far sì che il salto la nutra, la motivi, le dia una base solida.

Prima ci rassicuriamo e poi corriamo il rischio. Prima dimostriamo di saper scegliere e poi non osiamo decidere. La fiducia in se stessi è davvero un valzer a due tempi.

6. Mettete le mani in pasta

Fare per ritrovare fiducia in se stessi

> Per lui la materia esiste. È pietra, ardesia, legno, rame. [...] Il vero incisore dà inizio alla sua opera in una fantasticheria della volontà. È un lavoratore. È un artigiano. Ha tutta la gloria dell'operaio.
>
> Bachelard

È la storia di un brillante intellettuale, Matthew B. Crawford. Laureato in filosofia, occupa, in un *think tank* a Washington, un posto di responsabilità equivalente a quello di un quadro superiore. In un saggio appassionante, *Il lavoro manuale come medicina dell'anima*, racconta fino a che punto la vita d'ufficio lo abbia depresso, come abbia preso a dubitare della propria utilità sociale e del proprio valore individuale, e di come abbia ritrovato fiducia dando le dimissioni e aprendo... un'officina di riparazioni di motociclette!

Crawford mostra in quale misura rischiamo di perdere la fiducia in noi stessi quando passiamo le giornate in ufficio senza sapere letteralmente che cosa ci *facciamo* lì, senza poter analizzare gli effetti diretti della nostra attività. Viceversa, Crawford sottolinea in quale misura il lavoro manuale, il fatto di "mettere le mani in pasta" e di osservare come il nostro agire modifichi il reale, possa essere gratificante, umanamente e intellettualmente. Con humour e finezza, Crawford mette a confronto le soddisfazioni procurate prima dall'uno e poi dall'altro mestiere e lancia un appello entusiasmante a favore del lavoro manuale in generale, e del lavoro del meccanico in particolare – lavoro manuale che è comunque lavoro mentale, persino più arricchente da un punto di vista concettuale di molti lavori meno manuali. Muovendo dalla propria riconversione, Crawford elogia l'esperienza di chi lavora fabbricando o riparando oggetti – mestieri in via di estinzione, in un mondo in cui si compra, si butta e si ricompra. E narra quale immenso piacere provi a mettere le mani nel grasso, a portare a termine qualcosa di tangibile, quale senso di responsabilità immediata coltivi quando il proprietario di una moto gli consegna il suo veicolo, quale moto di soddisfazione lo pervada quando supera le difficoltà connesse alla riparazione, quale fiducia sia nel frattempo maturata in lui e, infine, quale grande gioia condivida con il proprietario quando costui viene a recuperare la moto riparata, quale felicità sprigioni da quello che Crawford chiama il "faccia a faccia" con il cliente.

"L'uomo è felice e soddisfatto," scrive Emerson, "quando ha profuso tutto il suo essere nell'opera da svolgere e ha fatto del suo meglio, mentre non si darà mai pace per quanto ha detto o fatto comportandosi altrimenti." Sorprendentemente, è proprio riparando motociclette che l'intellettuale Crawford scopre l'attività che gli consente di “profondere tutto il suo essere nell’opera da svolgere”, di “fare del suo meglio”. Mentre prima non era così. Prima, issato a uno dei posti di comando del suo influente *think tank*, passava il tempo a gestire la sensibilità degli altri e sfide di potere. Il suo lavoro consisteva nel leggere e sintetizzare articoli universitari e, in particolare, nell’interpretarli perché collimassero con la linea politica del *think tank* che lo pagava. Attraverso la sua esperienza personale, viveva una forma di alienazione condivisa da una buona parte di noi lavoratori: eseguire compiti privi di significato. E doveva vedersela anche con un altro problema, altrettanto comune: costretto a produrre le sue sintesi a ritmo sostenuto, non poteva leggere a fondo gli articoli e quindi svolgeva male il lavoro che doveva svolgere, senza ricavarne il minimo piacere.

Al contrario, riparando moto, Crawford prova piacere a passare il tempo su un guasto che gli resiste, a confrontarsi concretamente con le difficoltà, ad approfondire il proprio talento. Torna a provare quella sensazione che aveva provato a quattordici anni, quando aveva lavorato come apprendista elettricista: il piacere di fare e di verificare i risultati. Crawford racconta di non aver mai mancato, dopo aver terminato un impianto elettrico, di azionare l’interruttore dicendo: “E la luce fu!” È un’esperienza che abbiamo vissuto tutti: abbiamo appena fissato uno scaffale, riparato un mobile difettoso o passato una mano d’intonaco, e, pieni di una gioia che travalica i limiti del piccolo successo ottenuto, non esitiamo ad esclamare: "Ecco fatto! Lavoro finito!"

Troppo spesso, nelle nostre professioni, non ci si offre alcuna occasione di gioire di una gioia così intensa; siamo completamente tagliati fuori da questo tipo di soddisfazione.

Crawford contrappone la festosa riscoperta del lavoro manuale all'ideologia dominante del suo tempo:

> L'attuale genere di rivoluzione del management tende a incoraggiare nei lavoratori un atteggiamento superficiale: per questa nuova dirigenza, l'etica artigianale è addirittura qualcosa da sradicare nel dipendente. [...] Il modello di riferimento è quello del consulente che va e viene, facendosi un punto d'onore di non saper fare niente di specifico. Come il consumatore ideale, anche il consulente gestionale dà l'impressione di spaziare liberamente con la fantasia, e al suo confronto le attività manuali appaiono meschine e anguste: l'idraulico che, con le chiappe in aria, s'infila sotto il lavandino.

Quanto scrive Crawford è tanto più giusto in quanto la realtà del nuovo management è sovente lontanissima dall'immagine di "libertà trionfante": un buon numero di consulenti di gestione o di quadri che non s'inginocchiano mai sotto il lavello soffrono appunto del fatto di non sapere quale sia la loro professione, di non percepirne la vera utilità. In loro la mancanza di fiducia trova un'espressione motivata da una ragione molto semplice: non possono opporre alle eventuali critiche una realtà oggettiva e palpabile. Un fornaio potrà sempre obiettare al padrone di aver fatto un buon lavoro: la baguette è lì, saporita, basta assaggiarla per assicurarsene. Anche gli artigiani trovano più facilmente la maniera di aver fiducia in se stessi: il loro talento si concretizza in una forma oggettiva, tangibile, nei loro manufatti (e a volte si guadagnano da vivere molto meglio di tanti impiegati d'ufficio del settore terziario). Quante volte abbiamo incontrato idraulici o elettricisti un po' scorbutici! Non manifestano alcun bisogno di complimenti o di apprezzamenti. La perdita è riparata, la luce è tornata: per loro è abbastanza.

Leggendo il saggio di Crawford, valutiamo meglio il tipo di malessere di cui oggi soffriamo. Noi facciamo – alla lettera – sempre meno cose, sia nella vita domestica sia nella vita professionale. Quando la nostra auto finisce in panne, la lasciamo dal meccanico, il quale, a sua volta, passa ormai più tempo sugli schermi di controllo che a stringere bulloni. E, tra poco, non andremo nemmeno più a portare l'auto dal meccanico, perché le auto si guideranno da sole. Quando il nostro telefonino o il nostro computer portatile smettono di funzionare, entrano automaticamente in funzione appositi programmi di riparazione. E, quando gli aggiornamenti non sono sufficienti, li buttiamo per acquistarne di nuovi. Per scaldarci, abbiamo oggi l'abitudine di regolare un termostato. Non compiamo più quei semplici gesti che, fino a non molto tempo fa, davano un senso al quotidiano della vita di un uomo: tagliare la legna, ricavarne dei ceppi, metterli sul fuoco, soffiarvi sopra per tenere accesa la fiamma. Quando, in viaggio, vogliamo orientarci sulla direzione da prendere, non apriamo più una carta o non fermiamo più dei passanti per chiedere loro aiuto: obbediamo alle ingiunzioni del nostro GPS. Ma, così facendo, perdiamo il rapporto con le cose. Iperconnessi grazie ai nostri apparecchi digitali, ma sempre più disconnessi dal mondo del "fare". Il nostro pollice scivola sulla superficie del nostro smartphone, e noi non facciamo che scivolare sulla superficie delle cose: "L'uomo civilizzato ha fabbricato carrozze," scrive Emerson, "ma ha perduto l'uso dei piedi. Si appoggia alle stampelle, ma gli viene meno il sostegno dei muscoli." Difficile aver fiducia in se stessi quando non si sa più camminare. Basta considerare la crisi di panico che ci investe quando il nostro iPhone non vuole più accendersi. Senza le nostre stampelle digitali, non sappiamo procedere in alcuna direzione.

Interrogato di recente su quale sia stata la principale mutazione del nostro tempo, Michel Serres ha risposto senza esitare: è stata la scomparsa del mondo contadino. Una scomparsa che trascende quella di chi lavorava la terra: il mondo che non c'è più è quel mondo in cui gli uomini facevano e sapevano quello che facevano. È quel mondo in cui, dopo che avevano lavorato, potevano vedere il frutto del loro lavoro. Trovandovi la loro fierezza, la loro identità e, se la vita infieriva contro di loro, un po' della fiducia perduta.

Il falegname che fabbrica un tavolo di legno sa che cosa sta facendo. Il fornaio che impasta e cuoce il suo pane lo sa altrettanto bene. Tutti e due traggono un uguale piacere da un lavoro che sanno fare come si deve, così come trarranno un piacere ancora maggiore se lo sapranno fare ancor meglio. E tutti e due ricavano soddisfazione dalla pari soddisfazione dei clienti, i quali torneranno riconoscendo la loro bravura.

È da questa semplicità, da questo riconoscimento diretto e immediato del nostro lavoro che ci siamo alienati. In ufficio, mettiamo sempre meno "le mani in pasta" e passiamo la maggior parte del tempo in riunioni, o davanti ai nostri computer, a gestire delle mail o a riempire tabulati. Ci sforziamo di raggiungere obiettivi che raramente hanno un diretto rapporto con la qualità del prodotto finito. Anzi, accade spesso che non si veda mai il prodotto finito, o che non si abbia nessuna voglia di vederlo. Tanto che non ci riconosciamo in esso. Siamo valutati in basc al raggiungimento o meno dei cosiddetti obiettivi intermedi fissati dai manager. Il nostro compito si riduce al rispetto esclusivo delle *procedure*, alla verifica del lavoro dei nostri subalterni e alla notifica che ne diamo ai superiori. Difficile, in una situazione del genere, dire quale sia esattamente il nostro mestiere. Quando, la sera, un artigiano parla al figlio del suo lavoro, il figlio capisce che cosa il padre ha fatto della sua giornata. Viceversa, molti figli di quadri d'azienda non capiscono quale professione svolgano i genitori. Una volta, una bambina di sette anni mi ha detto, mentre curavo un piccolo laboratorio di filosofia in una seconda elementare: "Il lavoro di mamma è la riunione."

Che significato può avere, a questo punto, un "lavoro ben fatto"? È ancora possibile parlare di "abilità"? Di che cosa possiamo andar fieri se non sappiamo nemmeno più che cosa facciamo? Come possiamo nutrire fiducia nel nostro talento se non sappiamo nemmeno più di quale talento si tratta? Lo stress da lavoro, l'aumento del numero di esaurimenti o depressioni sono in gran parte dovuti alla scomparsa dei vecchi mestieri. Con il trionfo delle *procedure* e la corsa agli obiettivi intermedi, il criterio di successo più palpabile diventa il denaro... Ma è una compensazione illusoria. La sensazione di non fare nulla di abbastanza tangibile non può certo essere cancellata da una migliore remunerazione e dalla possibilità che essa offre di consumare di più. Se fosse così, non ci sarebbero tanti *burn-out* tra i dipendenti ben pagati.

La fiducia in se stessi è figlia del piacere: del piacere che proviamo portando a termine un lavoro ben fatto. Se non "facciamo" più niente, se le nostre professioni non esistono più, se non ci aiutano più a sviluppare un'autentica abilità, finiamo per essere completamente privati del piacere elementare del fare e dunque di noi stessi, diventando degli *alienati* e perdendo la nostra fiducia in noi stessi.

Il mondo del lavoro attraversa una duplice crisi: operai e impiegati vivono sotto la permanente minaccia di essere sostituiti dalle macchine, i quadri vivono risucchiati dalle *procedure* che fanno perdere loro la libertà e li alienano dalla professione. E le crisi di fiducia individuali, i burn-out, sono appunto il frutto di questa cultura.

Un buon lavoro, secondo Aristotele, deve poter procurare piacere a chi vi si dedica – e la sua eccellenza deve poter essere giudicata direttamente dagli altri. In una società preoccupata della "buona vita", diceva il filosofo, dovremmo tutti avere un lavoro, una professione che corrisponda a questi due criteri.

Nei *Manoscritti economico-filosofici del 1844*, Marx definisce così il lavoro ideale: "In una produzione che sia la mia, potrei realizzare la mia individualità, la mia personalità; potrei provare, lavorando, la gioia di una manifestazione individuale della mia vita, e nella contemplazione dell'oggetto finito, potrei godere della felicità di riconoscere la mia personalità come una forza reale, concretamente tangibile." Facciamo attenzione ai termini usati dall'autore del *Capitale*: "Realizzare la propria individualità", "provare la gioia di una manifestazione individuale della propria vita", "godere della felicità di riconoscersi"... Sono termini evocativi: sono altrettante metafore della fiducia in se stessi. Quanti di noi hanno la fortuna di svolgere attività che procurano loro un tale appagamento?

La mancanza di rapporto con il "fare", la nostra difficoltà a riconoscerci nei prodotti del nostro lavoro, partecipano sicuramente della nostra angoscia. E *fare* qualcosa, anche qualcosa di estremamente semplice, basta perlopiù a liberarci da una simile angoscia. Il solo fatto di mettere le mani in pasta, indipendentemente dal risultato ottenuto, è già tale da trasmetterci fiducia. Ma c'è qualcosa di ancor più considerevole: il fatto che la nostra angoscia è sempre, in maniera più o meno occulta, un'angoscia di morte. Ebbene, lavorando la materia, interagiamo con una realtà sulla quale poter contare, con qualcosa di tangibile e di rassicurante. La materia trasformata dalle nostre mani prova da sola che noi siamo vivi e, se viene trasformata con una certa arte, che noi abbiamo talento. E ancora di più, se grazie al nostro lavoro otteniamo un riconoscimento del nostro valore, possiamo tollerare con molta più facilità la prospettiva della morte: perché il nostro valore personale non morirà... Quando invece non facciamo niente, non possiamo ottenere alcun riconoscimento diretto dal nostro lavoro, e pertanto diventiamo facili prede dell'angoscia di morte.

"Non è ragionevole dire che l'uomo è il più intelligente degli animali perché ha le mani," scrive Aristotele in *Le parti degli animali*, "è invece ragionevole dire che ha le mani perché è il più intelligente. Dunque, l'essere più intelligente è quello che è in grado di utilizzare il più gran numero di strumenti: e la mano sembra, in effetti, essere non un solo strumento, ma molti strumenti al tempo stesso." Crawford ha dunque messo in pratica quanto Aristotele ha scoperto ventiquattro secoli prima. Essere intelligente vuol dire saper usare le mani! Usandole con intelligenza. La mano è il prolungamento della ragione. Si tratta di un'affermazione semplice, eppure è un'affermazione ricca di una profondità infinita: se la nostra intelligenza ha un suo prolungamento manuale, è logico che, a forza di non usare le mani, finiremo per dubitare di noi stessi. A forza di non fare più niente con le mani, perdiamo fiducia in noi stessi: siamo amputati di una nostra verità di fondo, della nostra natura di *homo faber.*

La nostra natura, precisa infatti Bergson, è più quella di un *homo faber* che non quella di un *homo sapiens*. Il nostro antenato *Homo sapiens* era più un *faber*, un creatore manuale, che un *sapiens*, un conoscitore di saperi. L'uomo è più caratterizzato dal fatto di saper fabbricare strumenti e, grazie agli strumenti, cose, che dalla conoscenza o intelligenza teorica. La nostra intelligenza non è, in prima istanza, un'intelligenza astratta, bensì un'intelligenza pratica. L'*homo faber* è l'uomo che lavora con le sue mani intelligenti, che fabbrica e usa strumenti. Fabbricando cose, noi fabbrichiamo noi stessi. Le differenti età dell'umanità recano infatti nomi relativi agli strumenti che si sono via via succeduti e che ci hanno fatto progredire (Età della pietra, del bronzo…). Noi siamo fatti per costruire, manipolare, operare in concreto, mettere alla prova le nostre facoltà in rapporto al mondo reale, plasmare la materia per plasmare noi stessi, plasmare il nostro talento. Ed è nella sua relazione con la materia che la nostra mente rivela la propria verità. Ecco perché, quando non facciamo più niente usando le nostre dieci dita, ci sentiamo smarriti, estranei a noi stessi. L'attuale ritorno d'interesse per la cucina, per il bricolage e per tutte le attività manuali ha in realtà radici profonde.

Da alcuni anni, un numero sempre maggiore di giovani laureati presso le scuole di economia o di quadri di grandi aziende decide di dedicarsi all'artigianato. Frequentano un corso di formazione professionale per panettieri, pasticceri, falegnami… e tentano l'avventura. Lasciare definitivamente la ventiquattrore per aprire un ristorante, o abbandonare una carriera di *executive woman* per diventare una produttrice di formaggi non è più un fatto eccezionale.

E, anche senza arrivare fino al punto di cambiare totalmente vita, dipende solo da noi mettere un po' di più le mani in pasta. Fare della pittura o della ceramica, fare del bricolage o del giardinaggio, sono altrettante occasioni per ritrovare la gioia del fare e del fare bene. Fare con le nostre mani, con la nostra intelligenza e il nostro coraggio: ecco la promessa di una fiducia ritrovata.

7. Passate all'azione
Agire per prendere fiducia

> Il segreto dell'azione è iniziarla.
>
> Alain

Un giovane si appresta a vivere una notte d'amore. Trema: è la sua prima volta. La donna sdraiata al suo fianco lo turba moltissimo. La sogna da tanto tempo e la immagina esperta... È il momento. Ma lui non ha alcuna esperienza. Da che cosa, dunque, potrà trarre fiducia? Dall'azione, innanzitutto. Dalle carezze, dai baci veri, reali. Il reale è lì, sotto le sue mani, nel palmo della sua mano, nella pressione delle sue labbra. Solo iniziando a entrare nel gioco delle carezze, e poi facendo l'amore, il giovane acquisirà davvero fiducia in se stesso. Non prima! La fiducia gli deriva dal suo rapporto con la donna, dal rapporto intessuto con lei. Se recita la parte dell'uomo esperto, rischia di vedersi recluso in se stesso, rischia di non trovare un punto d'appoggio nel rapporto d'amore e di sprecare le proprie capacità. Se invece le confessa che per lui è la prima volta, potrà lasciarsi guidare da lei: la fiducia gli deriverà direttamente da lei. Questo è l'analogo processo con cui si matura la fiducia in se stessi: una progressiva appropriazione, resa possibile solo dalla messa in atto. Mi sarebbe tanto piaciuto saperlo, all'epoca...

Quanti giovani vergini falliscono il loro primo incontro d'amore perché ossessionati dalla performance, prigionieri del loro monologo interiore, convinti che per riuscire devono esclusivamente contare su se stessi! La panne li condanna perché non hanno confidato abbastanza nel rapporto reciproco, perché non si sono abbandonati a sufficienza a esso, all'intensità del momento. La panne li condanna perché hanno ridotto la fiducia a una fiducia solamente nel loro essere. Solo se interagiamo con il mondo reale non siamo più soli. E se c'è una sfera in cui siamo obbligati a ricordarcene è proprio quella della sessualità. Nella vita sessuale, infatti, ancor più che in altri ambiti, solo l'azione libera l'individuo.

Psicologi, insegnanti, allenatori sportivi, teorici della "psicologia positiva"... sono tutti d'accordo nel dire che la fiducia in se stessi si sviluppa con l'azione. Anche se all'idea di azione si accompagna sovente un malinteso. Se la fiducia in se stessi si acquisisce con l'azione, non deve però trattarsi di una fiducia in un "sé" assoluto, astratto dal mondo, come una monade dotata di puri requisiti che non sarebbe di nostra competenza sviluppare con l'azione. Deve trattarsi di una fiducia nell'*incontro* tra sé e il mondo. Un incontro che non padroneggiamo completamente, che riserverà delle sorprese, che sarà innegabilmente ricco d'insegnamenti. Agendo, scopriamo nel reale opportunità nuove, risorse insospettate, che la nostra azione contribuisce a portare alla luce. Non solo. Agendo, capita che incontriamo gli altri, che la soluzione ci arrivi da loro e che la cosa si riveli più semplice di quanto pensassimo, o, magari, che ci accorgiamo semplicemente di aver avuto fortuna! Non si tratta comunque di aver fiducia in un puro "sé", bensì nell'incontro tra sé e gli altri, tra sé e il mondo – incontro reso possibile unicamente dall'azione.

La sfumatura è decisiva e può essere liberatoria. Quando mi sento paralizzato dalla mancanza di fiducia, rischio di vivere il fatto di dover "andare avanti" come un'ingiunzione paradossale: l'azione mi darà certo fiducia, ma se io manco di fiducia in me stesso, come potrò mai abbandonarmi all'azione? Dunque potrò sentirmi alleggerito del peso e trovare lo slancio per agire solo comprendendo che non è soltanto in me che devo aver fiducia ma nell'incontro tra me e il mondo. E nelle sue conseguenze, talvolta felici, talvolta meno, sovente inattese.

Perorare una filosofia della fiducia significa, inoltre, richiamare il primo principio della filosofia stoica: non tutto dipende da noi. Esiste ciò che dipende da noi e ciò che non dipende da noi. Il pensiero stoico, da Marco Aurelio a Seneca, si fonda su tale distinzione. Finché è possibile, dobbiamo sicuramente agire in base a ciò che dipende da noi. Tuttavia, aver fiducia in se stessi vuol dire anche aver fiducia in ciò che non dipende da noi e che la nostra azione può mettere in movimento. Spesso, quando soffriamo di una mancanza di fiducia, quando ci sottoponiamo a una pressione eccessiva, ci facciamo un'idea sbagliata delle cose. Non siamo abbastanza stoici, presupponiamo che tutto dipenda da noi. Non esiste, agendo così, un modo più sicuro per "andare in bianco" la prima volta.

Impariamo a trarre ispirazione da uomini e donne d'azione, avventurieri, pionieri, imprenditori. Anche se hanno a lungo riflettuto prima di lanciarsi, sono personaggi che confidano nell'azione in sé e in tutto ciò che essa produrrà nell'ambito del reale, direttamente o indirettamente. Sanno che l'azione avrà il potere di riconfigurare il loro mondo, di creare altre opportunità che bisognerà saper cogliere. E se si adoperano a padroneggiare il più possibile ciò che dipende da loro, è perché sanno misurare ciò che non dipende da loro, e che potrà insorgere sia come ostacolo sia come sostegno. In ogni caso sono pronti. Hanno studiato l'itinerario nei minimi dettagli, il business plan più preciso, sono consapevoli che l'azione stessa modificherà determinati parametri, che dovranno forse cambiare strada per evitare un nubifragio o approfittare di un clima più clemente, dovranno lanciare un nuovo prodotto correggendo i difetti del primo oppure, al contrario, scommettere di più su quello che è stato già lanciato: in una parola dovranno rimanere in ascolto degli altri e del mondo. È questo il vero spirito d'impresa: saper prevedere, amare prevedere, amare anche il margine d'imprevisto che può nondimeno sussistere.

Visti dall'esterno, molti imprenditori o avventurieri sembrano blocchi di fiducia. Tuttavia, visti da vicino, molti di loro non nascondono i dubbi che li tormentano o i passati insuccessi. Ciononostante, confidano nell'azione, in tutto ciò che potrà accadere quando incontreranno il mondo. Sanno, come Marco Aurelio, che l'esito dell'incontro non dipende esclusivamente da loro. Ma non si rassegnano a tale fatalità: anzi, l'accettano di buon grado.

Ho spesso notato come agli uomini e alle donne animati da spirito d'impresa piacesse giovarsi di intermediari, non perché trovassero nella cosa un interesse diretto, semplicemente perché avevano l'impressione che un incontro del genere potesse essere interessante, potesse rappresentare una novità. Sono personaggi a cui piace scommettere sull'incerto, essere promotori di un'avventura che forse avrà un futuro felice. Sanno, come tutti gli audaci, che la fortuna va incoraggiata.

Un giovane quadro che sollecita un appuntamento con un superiore per illustrargli i progetti che ha in mente, un giovane cineasta che bussa alla porta di un regista che ammira per sottoporgli un proprio soggetto, quegli uomini e quelle donne che osano fare il primo passo… non inganniamoci in merito al significato dell'audacia che dimostrano. Il loro passaggio all'azione non è minimamente l'espressione di una mera fiducia in "sé", preesistente all'azione. Il loro modo di comportarsi rivela se mai, e in primo luogo, una fiducia nell'azione medesima.

Prima di essere una delle romanziere più lette del suo tempo e di vincere una cinquantina di premi letterari, Isabel Allende è cresciuta in un Cile in cui, quando lei esternava la propria aspirazione a diventare scrittrice, le veniva risposto che era impossibile, perché era una donna. Era certo la nipote del presidente Allende, ma era una ragazza. E crebbe con questo senso dell'ingiustizia, in un mondo di uomini, senza un solo esempio femminile che la ispirasse. Giornalista alle prime armi, fu inviata a intervistare il poeta Pablo Neruda ed ebbe l'audacia di non seguire lo schema delle domande preparate, lasciando così libero corso alla sua spontaneità. Isabel Allende racconta che Pablo Neruda, a un certo punto, la interruppe dicendole: "Vuoi un consiglio? Tu menti tutto il tempo, ti inventi delle storie, metti in bocca alle persone cose che non hanno mai detto. Nel giornalismo sono difetti, ma in letteratura sono virtù, per cui è meglio che ti dedichi alla scrittura d'invenzione, ragazza mia." Forse lei non sarebbe mai diventata romanziera senza questo incontro. Tuttavia, prima di presentarsi all'appuntamento, esitò. Non si sentiva legittimata a farlo. Dunque, non ci andò nutrendo piena fiducia in se stessa. Eppure proprio la decisione di andarci determinò la sua liberazione dall'incertezza. Fu nel corso dell'incontro con il poeta che acquisì la fiducia che le mancava. Anche gli attori che soffrono di paura del palcoscenico vivono ogni volta un'esperienza analoga: solo dopo che vi sono saliti conquistano la fiducia. Non prima.

Se registriamo un insuccesso, oppure non quel successo che avremmo desiderato, dopotutto potremo sempre dire di averci provato. È un fenomeno che osservo ogni giorno in presenza dei miei allievi: non provarci nemmeno procura, a poco a poco, una perdita di fiducia. A volte, nell'orale, chiedo loro di trattare, in maniera per certi versi improvvisata, un argomento difficile. E gli studenti che tentano l'avventura, anche se non riescono a superare le difficoltà incontrate, acquistano pian piano fiducia in se stessi. Agli occhi dei compagni, appaiono se non altro come coloro che ci hanno provato, si sono lanciati. E questo è già un motivo di fierezza. Provando, si scoprono in grado di sviluppare idee nuove, intuizioni di cui non sospettavano. In sostanza, per trovare comunque vari motivi di soddisfazione, non hanno avuto bisogno di superare la prova. Viceversa, coloro che persistono nel non voler nemmeno tentare, non acquisiscono mai fiducia in se stessi: non provandoci, non incontrano mai il reale, non hanno nessuna chance di sperimentare quel qualcosa che potrebbe sbloccarli. E finiscono dentro un circolo vizioso: non passando mai all'azione, si privano delle virtù che potrebbero liberare in loro l'azione, accrescendo così la propria ansia.

Comprendere le virtù dell'azione implica un fattore rilevante: non definire l'azione solamente come ciò che viene *dopo* la riflessione. Siamo eredi di secoli di platonismo o di razionalismo occidentale, di svalutazione dell'azione a vantaggio di attività intellettuali o contemplative. Da qui, la nostra difficoltà a comprendere la forza primaria dell'azione. È vero che la riflessione deve spesso precedere l'azione, ma quest'ultima non può essere concepita come una virtù subalterna al pensiero. Altrimenti saremmo incapaci di trovare fiducia quando occorre agire: continueremmo a tremare ogni volta che la nostra riflessione non cancella ogni incertezza – cosa che non riuscirà mai a fare. Per cui l'azione non è mai la semplice messa in pratica di un progetto attentamente elaborato. È l'incontro di un soggetto non particolarmente sicuro di sé con un mondo in parte, ma solo in parte, prevedibile. La verità dell'azione non può insomma consistere nella riflessione che la precede: può risiedere solo nell'azione stessa. "Il segreto dell'azione è iniziarla!" ripeteva Alain.

Non dimentichiamo che, dalla notte dei tempi, per sopravvivere su questa terra in mezzo ai pericoli che ci minacciavano, abbiamo dovuto agire e reagire. Siamo eredi di milioni di anni di evoluzione assai più che di alcuni secoli di platonismo. E ce ne accorgiamo tutti quanti, quando facciamo violenza a noi stessi e prendiamo il coraggio a quattro mani, quando riusciamo a sconfiggere la nostra ansia per avvicinare una persona che ci intimidisce o per prendere la parola in pubblico: il semplice fatto di passare all'atto risveglia in noi quell'essere primitivo, quella combattività primordiale, così decisiva per acquistare fiducia.

Troppo spesso psicologi, insegnanti o allenatori che tendono a valorizzare l'azione come mezzo per sviluppare fiducia in se stessi non pongono a sufficienza l'accento su una definizione dell'azione come incontro con il mondo, con gli altri o con il reale. L'azione viene presentata sotto una luce troppo spontaneistica: quale semplice mezzo per misurare le proprie capacità, per sviluppare le proprie abilità. A volte viene concepita ancor più riduttivamente, quale allenamento della volontà. Laddove agire vuol dire non solo allenarsi, ma molto di più; vuol dire incontrare il mondo. Nulla ci dice che il mondo, dopo l'incontro, sarà nei nostri confronti più benevolo del previsto. Agire significa concedersi una chance per avere magari delle belle sorprese: concedersi una chance per sperimentare la benevolenza del mondo.

Presentare la fiducia in se stessi come una filosofia dell'azione equivale a proporne una lettura esistenzialista, e non essenzialista. In una prospettiva essenzialista, nutrire fiducia in se stessi significherebbe credere nell'essenza del proprio "io", in qualcosa che sta in fondo a noi stessi come un nucleo granitico, un ego immutabile e sovrano. È un'idea che è stata a lungo veicolata dai tanti video di

YouTube sulla fiducia in se stessi, ma è un'idea alquanto dubbia.

Non è detto, infatti, che una tale essenza dell'io sussista davvero, che in noi sia radicato un "essere" così essenziale e precostituito. Se mai è esistito un punto d'accordo tra psicoanalisi freudiana, filosofia contemporanea, neuroscienze e psicologia positiva, è esistito nel riconoscere che la nostra identità è multipla, plurale, proteiforme. Ecco quanto potrà dare sicurezza a tutti coloro che sostengono di soffrire di una mancanza di fiducia: il loro "io" fisso e immutabile non esiste! E non possiamo *essere* nulli semplicemente perché non *siamo.* Molto spesso le nostre crisi di sfiducia trovano origine nei traumi infantili: siamo stati sminuiti, umiliati pubblicamente, ridotti all'essenza di esseri mediocri. Ma, in tal caso, può riuscire utile, per non dire risolutiva, la classica distinzione filosofica tra essere e divenire. Nel senso che noi non siamo: noi, semplicemente, diveniamo. Non abbiamo fiducia in noi stessi? Non è grave: nutriamo fiducia in quel che possiamo diventare!

Considerare la fiducia in *sé* come una fiducia nel proprio essere, nella sua essenza o nel suo io profondo rischia inoltre di farci sfiorare la bellezza dell'esistenza senza toccarla.

Le nostre esistenze sono appassionanti non perché ci permettono di dispiegare a poco a poco le capacità di un io che includerebbe già tutto fin dall'inizio, ma perché ci offrono la possibilità d'inventarci e di reinventarci, di uscire dal seminato e di deviare, di scoprire in noi potenzialità nuove. E meno male che è così, perché è il prezzo della nostra libertà. Se l'esistenza consistesse unicamente nello sviluppo delle possibilità di un io monolitico, di una "essenza", in tal caso "l'essenza" precederebbe "l'esistenza". Quando Sartre afferma che "l'esistenza precede l'essenza", intende dire che prima di tutto noi esistiamo. E che è in quest'esistenza che dobbiamo riporre fiducia, non in un'ipotetica essenza. La quale, secondo Sartre, si manifesterà solo il giorno della nostra morte, quando non potremo più aggiungere nulla alla nostra storia.

Esistere vuol dire buttarsi in acqua, andare a incontrare gli altri e il mondo, affrontare ostacoli che possiamo trasformare in opportunità a condizione di modificare il nostro modo di vedere. Quando ci mettiamo in movimento, infatti, possono susseguirsi un'infinità di cose: possiamo mettere in gioco talmente tante forze potenziali, incontrare talmente tanti uomini e donne capaci di aiutarci (a volte senza volerlo), che la stessa formula di fiducia in *se stessi* diventa qualcosa di assurdo.

Agire significa invitare il *sé* al girotondo dell'esistenza, esortarlo a uscire da sé anziché convincerci che esso contenga in sé la pura essenza del suo valore, esortarlo a "esplodere" anziché a ripiegarsi. È questo il significato di un'opera molto importante di Sartre: *La trascendenza dell'Ego.* Il valore dell'ego è "trascendente" nel senso che si attua e si conquista fuori dall'ego, nella sua capacità di agire, di tessere relazioni con gli altri, di prender parte alla girandola della vita.

Non abbiate dunque fiducia in voi stessi: abbiate piuttosto fiducia in tutto ciò che la vostra azione è in grado di creare in voi, offrendovi un punto di contatto con il mondo; abbiate fiducia in ciò che dipende da voi come in ciò che non dipende da voi; abbiate fiducia nella realtà che la vostra azione sta già rimodellando; abbiate fiducia nelle possibilità che la vostra azione può creare; abbiate fiducia in quegli uomini e in quelle donne che incontrerete e che vi offriranno probabilmente idee, consigli, speranza e, perché no, amore.

8. Ammirate
Fiducia ed esemplarità

> Non potrò mai leggere un filosofo che non sia al tempo stesso un esempio.
>
> Nietzsche

Ha ventotto anni quando, nel 1832, esce il suo primo romanzo, *Indiana*, che lei ha scritto in un mese e mezzo, e che suscita un consenso entusiastico da parte di Balzac e Chateaubriand. Ai quali non tarderanno ad aggiungersi Hugo e Musset. L'ingresso nel mondo letterario di George Sand, nata Aurore Dupin, fa rumore. Anche il critico più severo del tempo, Sainte-Beuve, leggendo il suo secondo romanzo, *Valentine*, pubblicato appena qualche mese dopo *Indiana*, s'inchina davanti al suo talento e paragona George Sand a Madame de Staël. Fin dai primi romanzi, la scrittrice difende il diritto delle donne alla passione e le esorta a uscire dalla "oppressione domestica". Non esprime la sua audacia solo nei romanzi, nello stile, nei temi. La testimonia anche nella vita privata. Per assecondare la sua sete di scrittura e il suo ideale di libertà, George Sand ha il coraggio di chiedere il divorzio al marito, un giovane barone dell'Impero lodevole sotto ogni punto di vista, dal quale ha avuto due figli. Non ha molto da rimproverargli, se non il fatto che, con lui, lei si annoia, che non hanno stabilito un vero rapporto di complicità, che lui non capisce niente di letteratura. E per valutare appieno il senso di una decisione del genere, occorre tener ben presente il contesto in cui essa matura. All'epoca, il divorzio è illegale e i beni di George Sand, in particolare la bella proprietà di famiglia di Nohant, appartengono, dopo la celebrazione del matrimonio, al marito, il barone Dudevant. Eppure George Sand saprà andare fino in fondo. Al termine di un lungo processo, otterrà il diritto di divorziare, nonché quello di recuperare la dimora di Nohant, dove scrittori, pittori o figure politiche ceneranno e soggiorneranno. Nel frattempo, la scrittrice ha vissuto a Parigi con l'amante Jules Sandeau: è mutuando da lui metà del cognome che diventa George Sand. Passando da un paese all'altro e da un uomo all'altro, la scrittrice ha per amanti i più grandi geni del secolo – Musset, Chopin, con il quale convivrà nove anni, l'incisore Manceau, Prosper Mérimée... – e forse anche alcune amanti, sostenendo ogni volta le proprie spese e rifiutando in ogni modo di farsi mantenere. Contribuendo a inventare il femminismo attuale, George Sand rinnega lo status di "autore donna" e intende essere giudicata esclusivamente in base alla sua opera.

La scrittrice manifesta un'identica forza di carattere anche sulla scena politica. Repubblicana dopo il 1830, poi socialista, si fa portavoce di una poesia vicina alla classe operaia. E si mette a scrivere romanzi impegnati, più sociali, più politici, con i quali ottiene il medesimo successo ottenuto con i romanzi "femministi", che mettevano in scena eroine capaci di essere d'ispirazione (Indiana, Fadette, Consuelo...). Il semplice fatto di cambiare genere letterario, di osare rinnovarsi, è già di per sé una prova di fiducia. Autrice prolifica, George Sand scrive anche racconti e pièce teatrali, ottenendo per tutta la vita un uguale successo sia di critica sia di pubblico.

Quando collabora alla "Revue des deux mondes" e i suoi articoli sono ritenuti troppo radicali, non esita a fondare una propria rivista – "La Revue indépendante", nome che è tutto un programma – insieme al filosofo Pierre Leroux. Giornalista militante, lancia anche un giornale, "La Cause du peuple": una testata che conoscerà una seconda vita grazie all'impulso di Sartre nel 1968. Per coronare il tutto, George Sand rivendica appieno il ruolo di madre: estremamente attenta alla felicità dei figli, decanta un'autentica "passione per la prole", che riesce a conciliare con l'amore per la letteratura e la passione per la libertà.

Di fronte a una vita tanto piena, straripante fiducia a tutti i livelli, di fronte a una tale capacità di "fare" senza posa, di osare e creare senza interruzione, una domanda è d'obbligo: a quale fonte attinge una fiducia del genere?

Esaminando la sua biografia, si scopre un primo periodo della sua vita alquanto caotico. Il padre muore in un incidente quando lei ha solo quattro anni e la nonna contende alla madre, quasi analfabeta, il diritto di crescerla.

La nonna vince la causa: donna ricca e colta, erede dello spirito dei Lumi, può far valere, per farsi carico dell'educazione della nipote, argomenti ben più validi di quelli della nuora, giovane vedova ignorante e senza un soldo. A quattro anni, Aurore vive dunque una duplice lacerazione: perde il padre e deve lasciare la madre, che riceve in cambio una rendita mensile. Per così dire, la nonna la compra dalla madre. Un retroterra ben misero, dunque, per sviluppare una fiducia incrollabile nella vita... È vero che Aurore crescerà sotto la tutela della nonna illuminata, che riceverà lezioni da un precettore umanista e che vivrà un'autentica storia d'amore con la natura, in quella proprietà di Nohant sperduta in mezzo ai boschi che prenderà l'abitudine di esplorare a cavallo. Ma è sempre troppo poco per spiegare come possa essere diventata una donna tanto libera e audace, capace d'impegnarsi nel mondo con tanta fiducia e temperamento.

In realtà, Aurore Dupin è, per sua ammissione, divenuta George Sand perché è stata una straordinaria ammiratrice. Ha trascorso tutte le stagioni della vita ad ammirare figure singolari, personaggi che avevano avuto il coraggio di diventare se stessi. Solo grazie a simili modelli d'ispirazione ha trovato la forza di affermarsi. Come se la passione che coltivava per il talento degli altri l'avesse autorizzata a impadronirsi del suo stesso talento. Lo testimonia l'intera storia della sua vita: ammirare gli altri le ha dato le ali per volare.

Da bambina, Aurore Dupin tributa un'ammirazione senza limiti alla bisnonna, una donna che lei non ha conosciuto ma che ha segnato il XVIII secolo: Louise Dupin. Chiede di continuo alla nonna di parlarle di lei e divora tutti gli scritti che la riguardano. Titolare di uno dei salotti letterari più frequentati del secolo dei Lumi, Madame Dupin è soprannominata "la femminista di Chenonceau". Amica di Rousseau, che se ne innamora, illumina la sua epoca con la sua libertà di pensare, la sua passione per le lettere e la filosofia. Secondo Rousseau, Louise Dupin avrebbe segnato profondamente la storia delle idee, se avesse pubblicato i *Saggi* ai quali lavorava. "La mente delibera e il cuore conclude," scriveva lei: una buona definizione della fiducia in se stessi e dell'arte della decisione… Ebbene, Aurore Dupin cresce nell'ammirazione di una donna tanto istruita, in largo anticipo sui tempi, che riceve nel proprio salotto i più grandi spiriti dei Lumi.

Da giovane donna, poi, George Sand ammira Marie Dorval, nota attrice che rivoluziona il teatro classico con il suo modo romantico di recitare, insieme appassionato e sensibile. George Sand le confessa la propria ammirazione in una lettera aperta, tanto impetuosa da aver fatto sospettare, forse a torto, una relazione tra le due donne. In ogni caso, sono evidenti, nella figura di Marie Dorval come in quella della bisnonna, le qualità che ispirano un'adolescente come Aurore: libertà, audacia, rottura con la tradizione, impegno femminista, unione tra intelligenza e cuore…

Da scrittrice ormai realizzata, George Sand ammira Gustave Flaubert, con il quale intrattiene un lungo carteggio e che riceve due volte a Nohant. Si sente come travolta dalla genialità di *Madame Bovary*, dalla forza evocativa di *Salambô*, dal modo in cui, passando da *Madame Bovary* a *Salambô*, Flaubert osa rinnovarsi. Quando lo scrittore viene attaccato per quest'opera orientaleggiante, George Sand ne prende le difese e gli scrive: "Niente è più indicato per accarezzare le abitudini mentali delle persone comuni, delle persone superficiali, delle persone frettolose [...], vale a dire della maggior parte dei lettori, dell'argomento di *Salambô*. L'uomo che ha saputo concepire e portare a termine un'opera del genere è un uomo che nutre tutte le aspirazioni e tutti i fervori di un grande artista."

Ma il personaggio che George Sand ama di più, colui che diventa il suo vero *maître à penser*, è il filosofo socialista Pierre Leroux. Teorico di un "socialismo religioso" secondo il quale la carità cristiana finirebbe per trionfare già qui, sulla terra, nella società reale, egli incarna un umanesimo idealista e insieme pragmatico. George Sand ammira in lui la fede nel progresso, la sottile critica della proprietà privata e, naturalmente, il femminismo: Pierre Leroux, infatti, è favorevole all'uguaglianza civile e sociale di uomini e donne, e al voto delle donne. Molto critico nei confronti dell'istituto del matrimonio, è anche apostolo della non violenza.

Potremmo allungare la lista di coloro che George Sand

ammira, comprendendo un po' meglio, a ogni aggiunta, quali siano le figure che ne orientano l'itinerario intellettuale, le figure con le quali, volta a volta, s'identifica per costruire se stessa, per trovare l'energia d'inventarsi: donne libere, scrittori che cambiano genere letterario, pensatori impegnati... Tutti traguardi che raggiungerà anche lei, ma a modo suo, ovvero seguendo un cammino personale.

L'ammirazione di cui parliamo qui non è l'adorazione dei fan per i loro idoli, bensì un'ammirazione feconda, una curiosità profonda per l'avventura di un personaggio che è riuscito a diventare se stesso: un interesse tanto più vivo per il talento degli altri, che ci dice qualcosa circa le possibilità del nostro stesso talento.

Ammirare non vuol dire venerare; non vuol dire dimenticare se stessi nella contemplazione del talento dell'altro. Vuol dire nutrirsi. Prendere esempio da chi ha osato seguire la sua buona stella per darsi a cercare la nostra. Che cosa ci dice il loro esempio? Che è possibile diventare se stessi.

Mentre noi, tanto spesso, ne dubitiamo... E, del resto, abbiamo tutte le ragioni per dubitarne. Di fronte ai vincoli delle convenzioni, delle norme e delle *procedure*, la tentazione del conformismo è grande: è talmente più facile restare nei ranghi, non uscire dal seminato.

Freud lo dimostra magistralmente nel *Disagio della civiltà*: una società si costruisce sulla rinuncia degli individui alla loro personalità. Perché vi sia una società, deve innanzitutto esserci la norma. Da qui il "disagio": gli individui avvertono benissimo come tale norma prevalga a scapito della loro personalità. Per cui è normale che l'individuo attraversi crisi di fiducia, al punto da domandarsi a volte se gli sarà un giorno possibile osare diventare se stesso. Quando il dubbio ci assale, sentiamo solamente il bisogno di avere la prova – non attraverso il ragionamento ma con casi esemplari – che ci sarà sempre possibile trovare la nostra strada. Gli esempi ammirevoli sono sempre più efficaci e liberatori dei grandi discorsi. È l'ammirazione che può salvarci dalla crisi di fiducia: se quel caso esemplare si è reso possibile, vuol dire che rimane comunque possibile.

Ammirando la bisnonna, "la femminista di Chenonceau", George Sand sa che una donna di lettere può imporsi in un mondo di uomini. Sa che è possibile. Ammirando Flaubert, la scrittrice sa che un autore può avere il coraggio di essere fedele alla sua ricerca personale e rinnovarsi, a costo di perdere i propri lettori. Se un giorno lei arrivasse a dubitarne, se fosse tentata di riprodurre l'identico schema letterario, le basterebbe ricordare la propria ammirazione per Flaubert e troverebbe la forza di resistere alla paura che la sta insidiando.

Ammirare vuol sempre dire ammirare un individuo. E sta qui, appunto, la differenza tra ammirazione e rispetto: tutti quanti sono degni di rispetto, ma ammiriamo solo chi ha osato diventare se stesso. E poiché è l'individualità di una persona che noi ammiriamo, sarebbe assurdo volerla copiare. Anzi, l'ammiriamo proprio perché è inimitabile. Ed è perché è inimitabile che diventa per noi fonte d'ispirazione.

George Sand, quando scrive, non imita Flaubert. Non ha il medesimo stile, non approfondisce i medesimi temi, non indaga le medesime ossessioni. Tuttavia l'ammirazione che prova per l'autore di *Madame Bovary* la rende migliore come scrittrice. Si ispira al modo in cui Flaubert è diventato Flaubert per diventare George Sand.

Ricevendo Delacroix o il principe Napoleone (futuro Napoleone III) nella sua dimora di Nohant, Mérimée non imita la bisnonna, che teneva salotto a Chenonceau: non la copia, se ne nutre. Si ispira al modo in cui Madame Dupin è diventata Madame Dupin per diventare George Sand.

Un grande esempio è grande proprio perché non può essere copiato, afferma Nietzsche. Un grand'uomo trasmette a chi lo ammira sogni di grandezza: l'esemplarità è come un ponte teso tra una individualità e un'altra. Alessandro Magno ispira Napoleone perché Napoleone, non potendolo imitare, non ha altra scelta se non quella di diventare Napoleone. In ugual modo, il desiderio dell'artista di creare un capolavoro nasce dal riconoscimento che le meraviglie dei maestri del passato sono inimitabili. Più George Sand comprende che Marie Dorval, Flaubert o Pierre Leroux sono inimitabili, più segue la sua stella personale.

"Diventa quello che sei," dice lo Zarathustra di Nietzsche. Ma, per riuscirci, ammira chi lo è diventato prima di te, ammira e ammira ancora, non ammirare un'unica persona ma molte, ciascuna di esse ti nutrirà e ti aiuterà ad andare avanti. Ogni volta che ammiri, tu contempli la luminosità di una singola stella. Ogni volta vedi la possibile luminosità della stella che è in te.

Anche Nietzsche ha molto ammirato: ha ammirato un filosofo come Schopenhauer, ma pure musicisti come Wagner o Liszt. Picasso rivendica la sua ammirazione per Velázquez, Goya, Manet. Madonna ha ammirato Bowie, Tamara de Lempicka, Frida Kahlo. Philippe Dijan dichiara il proprio debito nei confronti di maestri come Henry Miller, Richard Brautigan o Raymond Carver. Yannick Noah ha ammirato il padre, Arthur Ashe, Mike Tyson... Sono nomi che parlano da soli: prendere esempio vuol dire prendere slancio. Ammirare vuol dire uscire da sé per meglio ritornare a sé.

Oggi non ammiriamo più abbastanza. Riserviamo la nostra attenzione a frasi o a persone che suscitano una vasta risonanza mediatica sui social, e si sostituiscono in un baleno a chi ha impiegato anni per sviluppare il proprio talento, per trovare la propria strada personale e per conquistare così la propria notorietà. A partire dall'arrivo dei reality show, alla fine degli anni novanta, abbiamo fatto l'abitudine alla comparsa sulla copertina delle riviste popolari o negli studi dei talk show di uomini e donne anonimi, ostentatamente qualunque, selezionati non per un talento particolare, ma, al contrario, per la loro mancanza di talento particolare, per fare in modo che il maggior numero di spettatori possa riconoscersi in loro. Proporre come modello persone senza qualità è un fenomeno inedito nella storia dell'umanità. E potremmo persino vedervi una chance per quanto riguarda la fiducia in se stessi: nel senso che non siamo messi di fronte a "modelli" irraggiungibili... Ma è esattamente l'opposto. Non aver nessuno da ammirare è una vera catastrofe.

Quando ci rilassiamo vedendo una trasmissione di volgare intrattenimento, quando navighiamo sui social di questa o quella star dei reality show, quando ci lasciamo inghiottire dal misero clamore prodotto da una di loro, spesso adottiamo un atteggiamento ironico. È il nostro modo di rassicurarci: non prendendole sul serio, ricordiamo a noi stessi che stiamo sì prestando interesse a persone senza interesse ma che lo facciamo in piena coscienza. Ci diciamo: mi sto solo concedendo un momento di distensione, di relax...

Ma la nostra ironia non è altro che una protezione illusoria. In realtà, siamo vittime di un inganno comunque, proprio perché pensiamo di non esserlo! E proprio perché pensiamo di non esserlo, accettiamo di perdere del tempo prezioso lasciandoci contagiare da simili spettacoli privi d'interesse. È esattamente quanto intende dire Jacques Lacan intitolando un suo seminario *Les non dupes errent.*

Credere di non essere vittime di un inganno è il miglior modo per essere complici di ciò che ci trascina verso il basso. Magari non lo saremo del tutto... ma intanto, mentre facciamo dell'ironia, sciupiamo tutti quei minuti, per non dire ore intere. Occupiamo il tempo a fare dell'ironia, quando quel tempo sarebbe meglio occupato se manifestassimo ammirazione per qualcuno che lo merita davvero.

"Diventa quello che sei": e bisogna riuscirci prima di morire. Perché abbiamo il tempo contato. Anziché ammirare personalità il cui esempio possa essere per noi motivo di progresso, possa alimentare il desiderio di credere in noi stessi, c'incamminiamo verso la morte prestando attenzione a non eventi e arricchendo chi li ha messi in scena. In realtà, l'ironia che va oggi di moda mette tutto sullo stesso piano e ci impedisce di sviluppare l'ammirazione. L'ironia livella, mentre l'ammirazione distingue. C'è addirittura qualcosa di morboso nel primato dell'ironia, nell'assenza di entusiasmo con la quale essa finisce per identificarsi.

"Datemi del lavoro da fare, mettetemi alla prova, procuratemi dolore ed entusiasmo!" esclama Consuelo in *La contessa di Rudolstadt*, il capolavoro di George Sand: la piccola zingara diventerà cantante grazie alla sola forza della sua voce, del suo coraggio, della sua ammirazione per il maestro Porpora. Non c'è nessuna ironia in Consuelo: è una personalità troppo viva per fare dell'ironia.

9. Rimanete fedeli al vostro desiderio
L'antidoto alla crisi di fiducia

> L'unica cosa di cui si possa essere colpevoli è di aver ceduto sul proprio desiderio.
>
> Lacan

Oggi abbiamo infinite occasioni di confronto con gli altri. E questo è il veleno peggiore per quanto riguarda la fiducia in se stessi. Su Facebook o su Instagram ci saranno sempre, almeno in apparenza, persone più belle di noi, più ricche di noi, più colte di noi, più connesse di noi, più impegnate di noi – vite più belle della nostra… È un problema che certo i nostri genitori non avevano: non potevano farsi del male tanto facilmente. Non potevano veder sfilare, seduti sul divano, le immagini della felicità e dei successi degli altri. L'unico termine di confronto, all'epoca, era chi stava loro vicino: gli sconosciuti restavano sconosciuti, i conoscenti troppo lontani e le star inaccessibili. Il confronto poteva avvenire solo all'interno del loro entourage, tra persone appartenenti perlopiù al loro stesso mondo. Oggi è tutto diverso. La valutazione si esprime confrontando diversi ambienti sociali, da un capo all'altro del paese o del mondo: il che è una fonte inesauribile di frustrazioni. E il peggio è che valutiamo le capacità dell'uno o dell'altro in base a elementi che sono perlopiù frutto di una messa in scena, dunque potenzialmente falsi: si è certi di uscire dal confronto tutti perdenti, su tutta la linea. Il confronto ci dice infatti che non valiamo niente, senza minimamente indicarci come possiamo diventare migliori; ci ferisce senza istruirci.

Sui social non mettiamo a confronto due realtà in base a criteri ben definiti e oggettivi. Confrontiamo la nostra realtà – che conosciamo e che evitiamo di ridurre a una mera rappresentazione – con la realtà che gli altri mostrano di se stessi. E, anche se sappiamo benissimo che le immagini della vita degli altri pubblicate su Facebook o su Instagram sono rielaborate, abbellite, selezionate, le consideriamo nonostante tutto "reali", e non possiamo fare a meno di metterle a confronto con quelle della nostra vita di tutti i giorni. Da qui, l'impressione frequente di un'aggressione, responsabile in modo diffuso ma ben individuabile di ferite narcisistiche. Anche se abbiamo sentito ripetere fino alla nausea che queste *It girl* tengono al laccio migliaia di *follower* con il diario della loro vita da sogno – laddove il loro quotidiano era, prima, ben poco invidiabile, al punto da spingere alcune di loro a tentare il suicidio –, non possiamo fare a meno di dar credito a quanto stiamo vedendo. E lo stesso fenomeno si ripete con le foto delle modelle sui settimanali di moda: sappiamo benissimo che sono ritoccate, ma non possiamo fare a meno di confrontarle con l'idea dei nostri corpi imperfetti. Siamo bombardati da immagini che, più o meno implicitamente, ci dicono che noi viaggiamo di meno, guadagniamo meno denaro, frequentiamo località meno belle o persone meno interessanti – che abbiamo, cioè, una vita assai meno realizzata degli altri, di quegli "amici", di quei *follower*, soggetti che conosciamo da vicino o da molto lontano. Sono solo immagini, certo, ma sono immagini che vediamo ogni giorno, che per noi hanno assunto una componente di verità, e basta un momento di stanchezza, una difficoltà passeggera, perché arrivino a deprimerci.

Il veleno di cui si parlava è tanto più nocivo in quanto può riportare alla luce ferite da noi patite nel corso dell'infanzia, ferite che sono spesso all'origine della nostra mancanza di fiducia: l'idea di essere stati stimati dai nostri genitori meno di un fratello o di una sorella; il cruccio di essere stati respinti da qualcuno che ci piaceva e che ci ha preferito qualcun altro; la vergogna di essere stati gli ultimi della classe... La scuola francese è una scuola che classifica, che divide per livelli – con le pagelle distribuite alla presenza di tutti –, un'istituzione che sa distillare il veleno del confronto fin dalla più tenera età. Instilla nei bambini l'idea che il loro valore non si valuta in rapporto a quello che sono ma in rapporto agli altri, come se trovassimo più soddisfazione nel superare gli altri che nel perfezionare noi stessi. In tutti questi momenti della nostra infanzia a farci soffrire è stato proprio il confronto.

Il solo fatto di essere confrontati con altri ci distoglie

dalla verità della nostra esistenza: noi siamo tutti individui con una singolarità. Il nostro valore è quindi assoluto, non relativo a quello altrui. Ciascuno di noi è il solo a essere quello che è: siamo tutti dei diamanti solitari. Possiamo sì confrontare certe nostre conquiste sociali, ma il singolo luccichio di un diamante solitario non si confronta, per definizione, con nessun altro. Prendere la misura della nostra singolarità equivale a prendere le distanze dall'idea stessa di confronto. In sostanza, si possono confrontare solo cose che si somigliano: ma nessuna singolarità somiglia a un'altra. In altri termini, tra due individui non è valido alcun confronto.

"Noi esprimiamo noi stessi solo a metà, e quasi ci imbarazza quell'idea divina che ciascuno di noi rappresenta," scrive Emerson. Per lui assumere la propria individualità vuol dire far vivere e fruttificare fino a piena maturazione la componente divina che è in noi, che somiglia unicamente a se stessa. Quindi il confronto con gli altri diventa doppiamente assurdo: il divino abita tutti noi in ugual misura, eppure tutti noi lo facciamo vivere in maniera singolare.

Nietzsche, sebbene radicalmente ateo, riconosce di essersi ispirato a Emerson per sviluppare la sua filosofia della singolarità, nel cui ambito egli distingue due tipi d'individui.

Da un lato, chi vive un'esistenza impoverita, chi si sente colpevole di esistere, chi si sente schiavo della morale dominante o della norma. Costoro non smettono di confrontarsi con gli altri, vogliono constatare chi è più obbediente, chi è più conforme. La loro malattia del confronto non è che l'altra faccia di una passione per la norma.

Dall'altro lato, chi osa vivere veramente, chi osa affermare la propria singolarità, esprimere i propri desideri più intensi. Costoro non pensano affatto a misurarsi con gli altri: si misurano sempre e solo con se stessi. Con quello che erano ieri, una settimana fa o un mese fa. O un anno prima. Hanno fatto progressi? Hanno fallito? Oppure si sono avvicinati di più alla loro stella personale? Sono diventati un po' di più quello che sono? L'unica domanda legittima è questa. A individui così basta valutare un progresso, anche infimo, per guadagnare subito fiducia. Una fiducia che il confronto con gli altri potrà intaccare molto meno facilmente.

Il superuomo di cui parla Nietzsche – termine spesso male interpretato – non si definisce mai in rapporto agli altri, ma solo in rapporto a se stesso. Vuole avvicinarsi a se stesso, non superare gli altri. Asseconda l'impulso del suo essere. Vive intensamente, si appassiona a tutto quanto possa accrescere in lui la forza di esistere. Ma non concepisce un tale aumento di forza come una diminuzione di quella altrui. Quelli che mette a confronto sono solo istanti, gradi d'intensità nella capacità di dire sì alla vita, alla *propria* vita. Più il suo "sì" è forte, più egli esiste, più egli esulta. È un'idea su cui Nietzsche insiste: il superuomo è una possibilità presente in ciascuno di noi. Lo avvertiamo quando ci appassioniamo a un'arte, a una disciplina, quando affiniamo il nostro talento, quando abbiamo l'impressione di aver trovato uno stile di vita a noi congeniale. E la gioia che proviamo sviluppando le nostre capacità esclude qualsiasi idea di confronto.

La gioia è "il passaggio da una minore a una maggiore perfezione," scrive Spinoza. È un'esperienza che viviamo tutti i giorni, e che osserviamo già nei bambini: quando una tale gioia di "accrescimento" ci colma, ci vaccina al tempo stesso contro il virus dell'invidia, ci protegge dal risentimento. Il presente della nostra passione ci fa completamente da stimolo. La tristezza, viceversa, è sempre secondo Spinoza "il passaggio da una maggiore a una minore perfezione": ed è in questa diminuzione della nostra forza che s'insinua la tentazione del confronto.

Per resistere alla tentazione, per evitare i danni dell'invidia e della gelosia, è necessario conoscersi.

Se io so quali sono le mie aspirazioni, dove mi trovo e dove vado, non mi confronterò mai con chi aspira a cose diverse dalle mie, non farò mai in modo da sentirmi in competizione con chi muove da un punto diverso dal mio e coltiva obiettivi diversi dai miei.

Viceversa, se non so bene chi sono, se non so bene quello che voglio, tutto quello che vogliono gli altri diventa automaticamente quello che voglio io. Allora il rischio è quello di essere disorientati, con l'allargamento senza limiti del campo di gioco, e di finire per essere consumati dall'invidia.

Se invece mi conosco abbastanza per sapere che desidero fare esattamente il mestiere che è il mio, un mestiere intellettualmente appagante, certo poco remunerativo ma tale da assicurarmi una qualità della vita che mi si confà, perché dovrei essere geloso di una persona che guadagna più denaro? Se desidero approfondire il mio rapporto con la persona che amo, perché dovrei essere geloso del perenne amoreggiare di un amico? È vero che, così facendo, continuerò a confrontarmi con gli altri – del resto non può essere altrimenti per quegli animali sociali che noi siamo. Ma, dal momento che non manco di acconsentire alla mia volontà, non si tratterà di un confronto doloroso: non finirà per incidere su ciò che desidero, quindi non mi chiamerà mai in causa veramente.

"La sola cosa di cui si possa essere colpevoli [...] è di aver ceduto sul proprio desiderio," dice Jacques Lacan nel seminario *L'etica della psicoanalisi*. "Non cedere in merito al proprio desiderio", essergli fedeli, vuol dire, per noi, continuare a reggerci sul nostro asse, fedeli non già alla nostra "essenza" o alla nostra "identità", ma alla nostra ricerca interiore, a una maniera di essere e di vivere che ci è congeniale, in gran parte ereditata dalla nostra storia, ciò che la psicoanalisi chiama un po' enigmaticamente "il nostro affare". Quando diventiamo infedeli al nostro volere, allora sì che ci sentiamo "colpevoli": tagliati fuori da noi stessi, da ciò che per noi conta veramente. Per cui, tagliati fuori dalla nostra verità, fluttuanti, diventiamo molto più inclini a confrontarci con gli altri o a pretendere d'ingelosirli. E, in tali condizioni, come ci sarà possibile aver fiducia in noi stessi?

Non esiste vera fiducia in se stessi senza fedeltà a se stessi, senza coerenza interiore, senza la gioia profonda che accompagna una simile coerenza. La fedeltà al proprio desiderio è l'antidoto al veleno del confronto.

Molte depressioni "di mezz'età" sono determinate da un'infedeltà al proprio desiderio. Uomini e donne si ritrovano sul lettino senza nemmeno comprendere la ragione del loro male. Senza una ragione "oggettiva". Non hanno patito né un lutto né un divorzio. Non incontrano difficoltà professionali. Anzi, ottengono, a volte, ottimi risultati. Infilano un successo dopo l'altro. Ma hanno ceduto sull'essenziale: il loro desiderio. In altre parole, sono stati infedeli a stessi. E la depressione è un modo per aiutarli ad ascoltare ciò che volevano tacere. A smettere di *volere* per far posto al loro desiderio. Ad abbandonare la comoda posizione del riconoscimento per reimparare a conoscersi davvero. A riprendere fiducia in se stessi ritrovando il cammino della loro verità, della loro ricerca.

Ulisse ha fatto un lungo viaggio, ma è rimasto fedele a se stesso. Ecco perché è felice. Talvolta si è lasciato tentare, ma, in definitiva, le tentazioni non l'hanno distolto dal suo cammino. Tra gli eroi greci, Ulisse personifica colui che si conosce. Ed è per questa ragione che chiede ai compagni di legarlo all'albero della nave. Sa di poter essere sensibile all'incanto delle sirene. Un eroe è anche questo: un uomo che si conosce, conscio delle proprie forze e debolezze. Si sa curioso, esploratore per vocazione. Ma, più di tutto, vuole ricongiungersi con la moglie, il figlio, la sua città. La strada del ritorno è lunga, da Troia a Itaca: ogni isola in cui fare scalo è un mondo nuovo, popolato ora da ninfe bellissime ora da mostri insidiosi. Potrebbe smarrirsi, sentirsi più di quanto è, accettando, per esempio, l'immortalità che gli offre Calipso. Se non conoscesse a fondo la propria aspirazione, potrebbe mettere a confronto la sua esistenza di mortale con quella vita immortale che gli viene proposta, e iniziare a desiderarla. Potrebbe tremare davanti ai pericoli, nutrire il timore di non riuscire a superarli. Ma qualcosa lo rassicura e lo guida al tempo stesso: sa chi è, conosce il suo desiderio. Tutti noi possiamo trarre ispirazione dalla saggezza di Ulisse: egli ha fiducia in sé perché ha fiducia nel suo desiderio. Si conosce abbastanza per riconoscere, in mezzo a tutte quelle stelle che sono altrettante tentazioni, quella che brilla più delle altre, quella che brilla per lui.

10. Confidate nel mistero
La fiducia nella vita

> Chi ha visto un bambino
> scoppiare dal ridere ha visto
> tutto in questa vita.
>
> Christian Bobin

La fiducia nella vita è qualcosa di evidente e insieme di difficile definizione. Nel corso della presente riflessione l'abbiamo già incontrata più volte, ma senza precisarne veramente la natura. Confidare nella vita vuol dire scommettere sul futuro, credere nell'energia creatrice dell'azione, accarezzare l'incerto anziché averne paura… E, in effetti, è forse tutto questo complesso di cose, ma è anche molto più di questo.

È credere che vi sia nella vita, in ogni vita, qualcosa di buono, e probabilmente anche di tenero. È continuare ad amare la vita anche quando sembra ostile. È pensare che non abbia bisogno di essere perfetta per essere degna di essere vissuta. Diciamolo in termini più semplici: confidare nella vita è pensare che essa sia, dopotutto, una cosa buona. Che in fondo al nostro mondo, malgrado lo scandalo a cui a volte esso concede spazio, vi sia come una sorta di tenerezza, una luce che abbiamo già intravisto e che non si dimentica. Non dobbiamo sapere a tutti i costi da dove viene. Dopotutto, non sempre sappiamo in che cosa confidiamo quando confidiamo nella vita. Abbiamo fiducia e basta. È una fiducia senza oggetto, una fiducia pura.

Di fronte alle prove da superare, davanti alle difficoltà che incontriamo, nel cuore delle notti più buie, potremo riscaldarci al ricordo di quella fiamma. Confidare nella vita vuol dire confidare in quella luce, anche quando si affievolisce. E possiamo confidare in lei perché è una fiamma che non si spegne, che rimane accesa per tutto il tempo della nostra vita. Confidando in lei, non potremo farci scoraggiare dalla prima delusione, non potremo perdere il gusto della vita se è la vita stessa che ci ha deluso. Confidando in lei, avremo un rapporto più creativo con la nostra competenza, usciremo più volentieri dalla nostra zona di comfort, andremo incontro agli altri con maggior facilità.

Quando la fiducia in se stessi matura con la competenza, quando si costruisce in base alla nostra relazione con gli altri, trova la sua possibilità di esistere, trova il suo terreno fertile proprio nella fiducia nella vita.

I sapienti greci, gli stoici come gli epicurei, non intendevano la "vita" come la intenderanno più tardi Gesù e i cristiani. Né avrà il medesimo significato negli scritti di un filosofo vitalista come Bergson o di una mistica come Etty Hillesum. E avrà un significato ancora diverso in filosofi come Husserl o Merleau-Ponty, per i quali vivere consiste prima di tutto nell'abitare il mondo. Ci riconosceremo negli uni o negli altri a seconda della nostra sensibilità. Ma tutti, comunque, ci parlano di fiducia nella vita. Tutti ci dicono che confidare in se stessi equivale in un modo o in un altro ad avere fiducia nella vita.

Secondo gli stoici, la vita è una cosa buona perché è attraversata dall'energia cosmica. Il Cosmo è un mondo chiuso, razionale e divino, all'interno del quale noi evolviamo. Qualunque cosa facciamo, non potremo mai ostacolare il corso del Destino. Se inscriviamo la nostra azione nel senso da lui prescelto, il Destino la indirizzerà e ne amplificherà gli effetti fino a portarci al successo. Se invece la nostra azione contrasta con le forze del Destino, finiremo per scoprire le forze che governano il mondo nel momento stesso del nostro insuccesso. Come si vede, secondo gli stoici, il Cosmo è, in sostanza, abbastanza tenero con noi, quando ci sostiene come quando ci dà una lezione. In tali condizioni, allora, come non confidare nella vita? Viviamo in un Cosmo armonioso e ciascuna delle nostre azioni ci mette in comunicazione con una tale armonia. Per gli stoici, infatti, confidare nella vita non significa altro che confidare nel Destino.

Anche per gli epicurei la vita è intrinsecamente buona, ma per una ragione opposta a quella degli stoici. Secondo Epicuro o Lucrezio, i quali sono sia fisici sia filosofi, tutto quanto accade è contingente: il reale è costituito da atomi che s'incontrano per caso. Tutto ciò che è sarebbe anche potuto non essere: il nostro corpo, l'acqua che beviamo, la bellezza del mondo… L'essere non ha alcuna ragion d'essere! Il semplice fatto che si sia costituito è già di per sé un miracolo di cui esultare. Al miracolo dell'esistenza delle cose si aggiunge quello della mia esistenza individuale: anch'io avrei potuto non essere, eppure ci sono! Confidare nella vita, per gli epicurei, vuol dire confidare nel caso, nella vastità infinita del campo dei possibili. Gli atomi, per comporre le cose e i corpi, possono aggregarsi e riaggregarsi senza fine. Come non credere nella vita, quando mi ha dato la possibilità di esistere laddove nulla mi predisponeva a uscire dal non esistere? E come non complimentarsi con gli epicurei per il loro modo di relativizzare! Più prendiamo coscienza di quale esito glorioso sia il solo fatto di vivere, meno ci curiamo del nostro possibile insuccesso. Non solo. Le particelle elementari che ci costituiscono sono eterne. Moriremo in quanto individui, ma tali particelle andranno a comporre altri corpi: non smetteranno mai di celebrare le nozze del caso con la vita. Gli astrofisici attuali confermano le intuizioni dei primi atomisti: siamo fatti di polvere di stelle, di elettroni o di neuroni provenienti dal Big Bang che ci sopravvivranno, dando una realtà materiale al senso d'eternità che a volte ci accade di provare. La vita che ci abita è talmente più grande di noi... È nata oltre tredici miliardi di anni fa e non si fermerà certo con noi.

Anche per i cristiani la vita che batte dentro di noi è più grande di noi. Ed è una cosa buona perché è Dio che l'ha voluta. Abbiate fiducia, raccomanda Gesù, poiché tutto è già qui: non cercate l'amore in cielo, l'amore sta in fondo al vostro cuore. La fiducia dei cristiani è meglio di una speranza: basta crederci e il regno di Dio è già qui tra noi. È il potere della fiducia – che, peraltro, ha la medesima radice latina, *fides*, della parola fede.

"Chi ha visto un bambino scoppiare dal ridere ha visto tutto in questa vita," scrive Christian Bobin in *Consumazione*. Con la sua poesia, Bobin cerca di farci sperimentare la presenza del divino nelle cose più semplici: il riso di un bambino, le rughe su un viso, il volo di una libellula, l'addome di un pettirosso. Per un mistico cristiano come Christian Bobin, il breve passaggio di Gesù sulla terra ha trasfigurato il mondo. Da quel momento, niente è più stato come prima. "I profumi dei fiori sono le parole di un altro mondo," scrive in *Les ruines du ciel*. E quest'altro mondo è il regno di Dio, regno che di fatto è il nostro, anche se non lo sappiamo vedere. La poesia ha così l'ambizione di rendere di nuovo percepibile questo mondo che è tanto tenero dal momento che reca in sé la traccia di un Amore originario. Come non confidare, quando anche le cose più prosaiche recano la traccia del passaggio di Gesù? In una prospettiva del genere, fondamentalmente mistica, la fiducia nella vita sconfina nell'abbandono – che è tutto l'opposto della padronanza. Confidare nella vita vuol dire abbandonarsi al suo mistero.

"Stiamo nel grembo di un'immensa intelligenza, che

ci fa destinatari della sua verità e organi della sua attività. Quando riusciamo a discernere ciò che è giusto, quando riusciamo a discernere ciò che è vero, non facciamo altro, da parte nostra, che permettere ai suoi raggi di attraversarci," scrive Emerson. Come Christian Bobin, Emerson sottolinea il fatto che confidare vuol dire lasciar passare attraverso di noi i raggi di quella "immensa intelligenza". Quando crediamo di discernere ciò che è giusto o ciò che è vero con le nostre sole facoltà umane, lasciamo, di fatto, che Dio ci illumini. Emerson si spinge fino ad affermare che "noi non facciamo nulla da soli." Come dire meglio che la fiducia in se stessi non può essere semplicemente pensata in base alla categoria della padronanza, che in essa esiste sempre una forma di abbandono? Un qualcosa che tutti possiamo intendere, anche se non crediamo in Dio.

La Vita, secondo Bergson, non è attraversata né dall'energia cosmica né dall'amore divino, bensì dallo "slancio vitale", una sorta di creatività primordiale che percorre l'intero vivente, e che assicura al tempo stesso la continuità delle specie e l'evoluzione degli esseri. La vita è una cosa buona perché è una pura forza di cambiamento, di trasformazione. Si dispiega nella crescita della pianta come nell'abilità dell'edera ad aggirare gli ostacoli, nell'astuzia della volpe come nel galoppo del cavallo, nella nostra intelligenza pratica come nel genio dei massimi artisti. È sempre lo slancio vitale, ma tradotto in forme diverse. Confidare nella vita vuol dire confidare in quella creatività che non vede l'ora di esprimersi in noi, che considera gli ostacoli dei semplici pretesti per sprigionare l'intera sua energia. "La gioia è sempre l'annuncio del buon esito della vita, del fatto che la vita ha guadagnato terreno, che ha riportato una vittoria: ogni grande gioia ha un tono trionfale," scrive Bergson in *L'energia spirituale*. E infatti proviamo gioia quando riusciamo ad affrancarci dall'automatismo e a diventare creativi: in quel momento ci sentiamo davvero vivi. E la gioia che zampilla in noi ci dice che non confidiamo soltanto in noi stessi, ma anche nella forza creativa della vita stessa: è questa la forza che trabocca nella nostra gioia.

La fiducia nella vita può, in ultimo, assumere l'aspetto di una fiducia nel mondo. Secondo Husserl, non abbiamo altra scelta se non quella di credere in questo mondo: essere messi al mondo significa essere incoraggiati a dargli fiducia, senza questo la vita umana diventa impossibile. Il giorno in cui siamo nati, siamo stati *affidati* al mondo. Confidare nella vita vuol dire ottenere in cambio la fiducia nel mondo. Vuol dire riconoscere che è la fiducia, e non la sfiducia, la prima prerogativa. Senza una tale fiducia, definita da Husserl "originaria", o "suolo universale", ci parrebbe di vivere in un mondo ostile, estraneo: saremmo contagiati dalla follia. E una simile fiducia originaria nel mondo non è una decisione: è la condizione stessa di tutte le nostre decisioni future, di tutte le nostre fiducie ulteriori, nonché di tutte le nostre sfiducie. Come confidare in noi stessi se non abbiamo quella elementare fiducia in un mondo che sia reale, nel quale ciascuno di noi abbia il suo posto?

Adesso possiamo capire meglio come la contemplazione della natura costituisca per noi un enorme beneficio: ci ricorda che noi, in questo mondo, siamo a casa nostra, siamo nel nostro mondo. Alcuni artisti hanno saputo esprimere meglio di altri un sentimento originario di tale portata, e proprio per questo ci toccano profondamente. Cézanne, per esempio, nel quale Merleau-Ponty vede un modello, in particolare quando l'artista dipinge le differenti versioni della montagna Sainte-Victoire: sotto i tratti del suo pennello, il filosofo legge il tremito del mondo nel momento stesso in cui ci si manifesta, nel momento stesso in cui si fa mondo. La montagna non ci appare più come un oggetto distante, ma come qualcosa intessuto con noi stessi in un'unica trama, in un'unica carne, nell'identica fusione originaria tra il mondo e noi. Ecco perché l'istanza ecologica è tanto essenziale: prendersi cura del mondo vuol dire prendersi cura di sé. Confidare nella vita, per Husserl o Merleau-Ponty, vuol dire confidare in un mondo che non è scisso da noi, ma che partecipa della medesima carne. Non è il mondo ad appartenerci. Siamo noi ad appartenere al mondo. Ecco una buona ragione per trovare naturale avventurarvisi.

È vero che gli stoici parlano del Cosmo come di una Razionalità ultima, ma ammettono pur sempre il loro stupore di fronte al mistero della sua esistenza. È vero che gli epicurei sviluppano un approccio materialistico alla scienza degli atomi, ma l'intera loro filosofia si rivela poi una meditazione sul mistero della contingenza, e dunque della vita. I cristiani, dal canto loro, amano il mistero, e mostrano più convinzione quando lo amano – come Søren Kierkegaard o Christian Bobin – di quando lo tradiscono presumendo di spiegarlo, riducendo così la fede a una questione di valori o di dogmi. Lo slancio vitale bergsoniano è a sua volta misterioso, poiché è un'energia spirituale che dà vita alla materia. E altrettanto misteriosa è la "carne del mondo" evocata da Merleau-Ponty quale oggetto costitutivo – in quanto verità prima del mondo – della pittura di Cézanne: dietro non c'è nulla, né al di qua né al di là, tutto è qui, nell'estensione sensibile offerta alla nostra libera percezione.

Per qualunque scuola filosofica esiste dunque un mistero della vita. Distoglierne lo sguardo, evitare di guardarlo in faccia presupporrebbe un'idea di fiducia come semplice padronanza. Nel qual caso, però, nessuna solida fiducia potrebbe prender corpo. Perché è vero che la fiducia ci richiede della padronanza, ma è anche vero che ci chiede di saperci abbandonare a quanto ci sfugge, a quanto è più grande di noi, a quel qualcosa da noi chiamato, in mancanza di meglio, Cosmo, Dio, Vita...

Ecco dunque la lezione paradossale contenuta in questo nostro viaggio nella storia delle filosofie della vita: confidare in se stessi vuol dire imparare ad assecondare il mistero della vita, a saperlo accogliere dentro di noi fino a riscaldarci alla sua fiamma.

Come siamo lontani dalle banali metafore in uso presso i coach meno illuminati! Per i quali la metafora prevalente è di tipo o informatico o meccanico: occorre sempre "riprogrammarsi", trovare "le proprie istruzioni per l'uso", individuare il proprio "software" – quando non viene apertamente tirata in ballo "la combinazione della cassaforte". Chiunque dia inizio a una ricerca in Internet sulla fiducia in se stessi s'imbatte dopo pochi secondi in metafore di questo tipo, non escluse le "sette tecniche per acquistare fiducia in se stessi" e "le tre chiavi della fiducia". Nell'ambito di queste metafore si propongono metodi ispirati alla pura autosuggestione, in linea diretta con il metodo Coué: "Ogni mattina alzatevi dicendovi che oggi va meglio di ieri", "Al risveglio guardatevi allo specchio ripetendovi che siete persone fantastiche", "Formulate con voce forte e chiara i vostri obiettivi" ecc.

Ingiunzioni del genere sono come bestie feroci. Bestie: rappresentano altrettanti insulti alla complessità della mente umana. Feroci, per giunta: rischiano, quando soffriamo di ansia, di colpevolizzarci ancora di più. Se manco di fiducia in me stesso e mi ripetono che mi basta poco per riconquistarla, che, nel mio caso, mi sarà sufficiente "riprogrammarmi" nel giro di una settimana e motivarmi ogni mattina davanti allo specchio, che cosa finirò per provare in caso d'insuccesso? Non mi sentirò ancora più responsabile, ancora più in difetto? Continuo a rimanere esterrefatto quando rilevo la violenza di ingiunzioni del genere, la loro totale mancanza di tatto.

Le nostre abitudini non sono metalli aggrovigliati che basterebbe districare con una buona motivazione: non siamo macchine. I nostri ragionamenti non sono programmi difettosi da resettare: non siamo computer. Non scopriremo il nostro vero talento solo perché ci ripetiamo formule positive tenendo lo specchio dritto davanti a noi e respirando profondamente. Non è autoconvincendoci o manipolando noi stessi che ci libereremo dai nostri impacci.

Per una vita umana non esistono istruzioni per l'uso: è per questo motivo che siamo liberi, in grado d'inventare il senso della nostra esistenza. E anche se la verità si trovasse nel fondo di una cassaforte, avremmo bisogno di ben più di una "combinazione" per scoprirla: avremmo bisogno di tempo, attenzione, pazienza, amore, e della preziosa capacità di evitare di voler capire ogni cosa, di abbandonarci al mistero della vita.

Una delle ragioni della nostra mancanza di fiducia in noi stessi è che la vita è difficile e incerta. Non è eludendola inseguendo il fantasma di una riprogrammazione neuronale o con la ricerca di una nostra "personale istruzione per l'uso" che arriveremo ad avere meno paura. Ci riusciremo solo imparando a convivere con la paura stessa, a tenere a bada il nemico. La vita è all'altezza della sua reputazione quando non corrisponde alle nostre attese – nel bene e nel male. Se corrispondesse alle nostre attese, non sarebbe più vita, bensì un programma che segue il suo corso: nel qual caso non potremmo (comunque) fidarci di lui/lei.

Abbiamo già approfondito la metamorfosi della competenza in fiducia, quel salto grazie al quale una semplice padronanza può trasformarsi in autentica libertà, in audacia. Solo la fiducia nella vita rende il salto possibile.

Ne ho avuto una conferma, peraltro inattesa, nel corso di una conferenza che ho tenuto sulla portaerei *Charles de Gaulle*, nella base navale di Tolone. Il mio pubblico era costituito da una decina di ufficiali della nave ammiraglia della flotta francese, riuniti attorno al loro comandante, Marc-Antoine de Saint-Germain.

Il tema della conferenza era la fiducia, e per un verso ero felice di condividere le mie idee con loro, per l'altro mi sentivo un po' emozionato: d'un tratto mi sono chiesto se la mia idea di una fiducia in se stessi che tragga alimento dal mistero della vita non fosse una di quelle tipiche idee da filosofo che perdono consistenza alla prova dei fatti. Spiegare a quei militari in partenza per combattere l'ISIS che la loro fiducia doveva attingere la propria forza dal mistero della vita mi è parsa all'improvviso una cosa arrischiata, per non dire assurda.

Intimidito dal mio uditorio, mi sono subito messo nei panni di un bambino che rivolge delle domande ai suoi supereroi. Le risposte che ho ricevuto mi hanno conquistato. In particolar modo quelle di due piloti di caccia Rafale, i quali mi hanno raccontato come si svolgono gli atterraggi notturni sulla portaerei, e in che cosa consista il ruolo di colui che chiamano OA: *officier d'appontage*. Per atterrare di notte, il pilota non può confidare né negli strumenti di bordo né in ciò che vede della portaerei, ammesso che veda qualcosa. Deve confidare solo nelle istruzioni orali, trasmesse via radio dall'ufficiale di atterraggio che sta in piedi sul ponte. L'OA guida "a voce" il pilota affinché riesca ad allineare l'aereo lungo l'asse della pista e sul ponte di atterraggio. Il pilota deve dunque "abbandonarsi" agli ordini dell'ufficiale di atterraggio. E, anche se vede qualcosa, non deve confidare in quello che vede ma rimettersi totalmente, con cieca fiducia, alle istruzioni del collega. Il pilota, quindi, non nutre fiducia in se stesso solo perché dispone del massimo livello di padronanza, ma anche perché ripone una fiducia assoluta nel suo ufficiale di atterraggio. Ritroviamo, qui, intimamente connesse, due grandi componenti della fiducia in se stessi: la componente tecnica e la componente relazionale. Ma c'è di più. Ciascuno a suo modo, i due piloti mi hanno spiegato che le due componenti non basterebbero per avere pienamente fiducia in se stessi. “È chiaro, ci vuole anche fede!” ha aggiunto il primo dei due, mentre continuavo a interrogarlo sulle condizioni di atterraggio. “Inshallah,” ha rincarato il secondo, per dare giusto un nome al proprio stato d’animo quando la pista si avvicina. La somma di fiducia tecnica e fiducia relazionale non è dunque sufficiente ad assicurare il risultato finale: le due fiducie attingono a loro volta a una fede primordiale, a quella fiducia nella vita tanto difficile da definire ma tanto semplice da avvertire nel nostro intimo. E una tale fiducia nella vita non è una generica fiducia in qualcosa. È LA fiducia.

È una fiducia originaria, che, in un modo o in un altro, tutti quanti abbiamo dentro di noi. Anche se non la chiamiamo allo stesso modo e non l’avvertiamo nella stessa misura, in quanto è più o meno forte a seconda del tipo d’infanzia che abbiamo vissuto, in ogni caso è presente in ciascuno di noi. Per il semplice fatto che siamo vivi.

Per cercare di approfondire ulteriormente una realtà del genere, osserviamo la dimensione mistica della fiducia in sé nella sua forma forse più pura: in chi ha conosciuto l’orrore e malgrado tutto ha serbato fiducia nella vita; oppure nel saggio che ha deciso di voltare le spalle al benessere di un’esistenza normale per sperimentare l’assoluta essenzialità della vita.

Antoine Leiris ha perso la moglie al Bataclan, durante l’attentato del 13 novembre 2015. Alcuni giorni dopo, ha scritto una lettera agli assassini della moglie postandola su

Facebook, una lettera che in seguito darà spunto a un libro, *Non avrete il mio odio*:

> Venerdì sera avete rubato la vita di una persona eccezionale, l'amore della mia vita, la madre di mio figlio, ma non avrete il mio odio. Non so chi siete e non voglio nemmeno saperlo, voi siete anime morte. Se questo Dio per il quale uccidete ciecamente ci ha fatti a sua immagine, ogni pallottola nel corpo di mia moglie sarà stata una ferita nel suo cuore.
>
> Perciò non vi farò il regalo di odiarvi. Il vostro intento era quello, ma rispondere all'odio con la collera sarebbe cedere alla stessa ignoranza che ha fatto di voi quello che siete. Voi volete che io abbia paura, che guardi i miei concittadini con diffidenza, che sacrifichi la mia libertà per la sicurezza. Ma la vostra è una battaglia persa [...]
>
> Ovviamente sono devastato dal dolore, vi concedo questa piccola vittoria, ma sarà di breve durata. So che lei accompagnerà i nostri giorni e che ci ritroveremo in quel paradiso di anime libere nel quale voi non entrerete mai.
>
> Siamo rimasti in due, mio figlio e io, ma siamo più forti di tutti gli eserciti del mondo. Non ho altro tempo da dedicarvi, devo andare da Melvil che si risveglia dal suo pisolino. Ha appena diciassette mesi e farà merenda come ogni giorno, poi giocheremo insieme come ogni giorno e per tutta la sua vita questo bambino vi farà l'affronto di essere felice e libero. Perché no, voi non avrete mai nemmeno il suo odio.

Questa toccante lettera lo testimonia: anche quando la vita è ingiusta, anche quando la ferocia e l'odio si avventano su di noi, possiamo ancora aver fede nella vita. "Per tutta la sua vita questo bambino vi farà l'affronto di essere felice e libero," scrive magnificamente suo padre. Ed è l'affronto che la vita fa a ciò che la minaccia. Certo, la battaglia non è vinta. Ci saranno momenti difficili, momenti di dubbio o di abbattimento. Ma sta proprio qui il senso della fiducia. È una fiducia *malgrado tutto.* Confidare nella vita non vuol dire credere che essa sia semplice e che il suo significato sia chiaro. Se fosse così, non ci sarebbe bisogno di "confidare" in tutto ciò. Un gruppo di decerebrati fanatizzati e drogati ha assassinato al Bataclan sua moglie e, con lei, altre centoventinove persone in un bagno di sangue: Antoine Leiris sa che una cosa così fa parte della vita. Ma quando racconta del figlio che continuerà a "fare merenda", a giocare, e crescerà da uomo libero, noi misuriamo fino a che punto può spingersi, malgrado tutto, la fiducia nella vita. È infatti quand'essa è più minacciata che dobbiamo mostrarle più fiducia. È uno stato d'animo che viviamo dall'11 settembre 2001, dal giorno in cui siamo entrati nell'attuale nuova fase del terrorismo. La nostra vita, il nostro modo di vivere, sono sotto attacco e, con essi, la nostra cultura della libertà. Ci sono dei combattenti che le hanno dichiarato guerra. In qualsiasi momento, un kamikaze può farsi esplodere e uccidere, insieme a lui, persone innocenti. Confidare più che mai nella vita è una risposta a un tale angosciante stato di guerra in tempo di pace.

Se la fiducia nella vita può trovarsi paradossalmente accresciuta in momenti tragici come questi, può anche trovare la sua forma ultima nelle situazioni di estremo sacrificio. I grandi mistici, per esempio, nelle tenebre più profonde hanno saputo percepire una luce di salvezza.

Etty Hillesum è una giovane ebrea olandese nata nel 1914 che ha tenuto un *Diario* sconvolgente. Nel diario racconta quanto ha vissuto tra il marzo 1941 – la donna vive allora liberamente ad Amsterdam – e il settembre 1943 – quando viene deportata ad Auschwitz, dove morirà con i genitori e il fratello. Giovane colta e tormentata, piena di gioia di vivere e di storie d'amore con uomini spesso molto più vecchi di lei, nel 1941 è in terapia presso lo psicologo Julius Spier, seguace di Jung, un medico che diverrà il suo maestro spirituale. È lui a esortarla a cercare la via del desiderio personale. È lui a iniziarla alla lettura dei Vangeli, di sant'Agostino e di Meister Eckhart. Etty, nel diario, ci comunica l'impressione di essere davvero rinata a se stessa in virtù della relazione con Spier. Lo presenta anche come colui che l'ha condotta a Dio. Etty vive infatti la sua nuova fede in sintonia con la più intensa gioia di vivere; vuole amare e condividere, aiutare e abbracciare, non senza eccesso, come sa riconoscere con un certo humour: "A volte non è facile vivere in armonia con Dio e insieme con il proprio basso ventre." Ma le retate s'intensificano. I nazisti inviano preventivamente gli ebrei olandesi nel "campo di transito" di Westerbork, "l'anticamera dell'Olocausto", da cui fanno poi partire regolarmente i convogli diretti ad Auschwitz. Etty riesce per il momento a sfuggire alle retate, ma vede andarsene gli amici, la sua gente. E non vuole rimanere separata dai suoi. Quindi chiede di essere trasferita nel campo per lavorare presso "l'assistenza sociale prestata alle persone in transito", organizzata dal cosiddetto Consiglio ebraico. Vuole rendersi utile a chi soffre, recare una luce là dove la notte è più buia: "Si vorrebbe essere un balsamo per molte ferite," scrive nel *Diario*. A Westerbork si sente al posto giusto. Con i genitori, il fratello, ma anche con tutti gli altri, con tutti i fratelli e le sorelle della deportazione. Si dedica a un unico compito, svolto nell'ospedale da campo: rendere il quotidiano un po' più sopportabile. E vi si dedica con una compassione spesso gioiosa, a volte stranamente leggera, persino con ingegnosità. Cura e rassicura, parla o tace, procura da mangiare quando può, si occupa dei neonati che le madri sfinite non riescono più a reggere... I sopravvissuti narreranno di lei perlopiù nei medesimi termini: *era radiosa.* Pur nella consapevolezza, maturata ben presto, di una realtà che altri non vogliono o non possono vedere: i treni che partono da Westerbork sono treni di sola andata verso la morte.

"Ho una fiducia così grande," scrive infatti. "Non nel

senso che tutto andrà sempre bene nella mia vita esteriore, ma nel senso che anche quando le cose mi andranno male, io continuerò ad accettare questa vita come una cosa buona." Leggere le pagine di documenti eccezionali come sono le sue lettere e il suo diario vuol dire osservare giorno dopo giorno una donna di ventotto anni che continua a serbare intatta la propria fiducia nella vita, in Dio, nell'uomo, fin nel cuore dell'orrore: "Basta che esista una sola persona degna di esser chiamata tale per poter credere negli uomini, nell'umanità," testimonia nel suo diario.

La sua fiducia nella vita non implica alcuna cecità sull'ampiezza del male di cui sono capaci gli uomini. Accetta semplicemente la totalità della vita; vi acconsente: "La vita e la morte, il dolore e la gioia, le vesciche ai piedi martoriati, il gelsomino dietro la casa, le persecuzioni, le innumerevoli atrocità, tutto, tutto è in me come un unico, potente insieme, lo accetto come una totalità indivisibile." In una lettera dell'8 giugno 1943 scrive: "Il cielo è pieno di uccelli, i lupini viola si dispiegano con una grazia principesca, due vecchine sono venute a sedersi sulla cassapanca per chiacchierare, il sole m'inonda il viso mentre sotto i nostri occhi si compie un massacro, tutto è così incomprensibile. Io sto bene. Con affetto, Etty."

Come afferma giustamente, "sta bene" perché accetta l'incomprensibile. In una situazione estrema come quella che sta vivendo, continua a serbare fiducia proprio perché ha rinunciato a voler comprendere ogni cosa. Acconsente al mistero di una vita capace di contenere tutto il male e tutto il bene possibili. “Certo, è il nostro totale annientamento, ma almeno sopportiamolo con grazia,” scrive qualche giorno prima di partire per Auschwitz.

Qui abbiamo un esempio della dimensione mistica della fiducia, un esempio di fiducia allo stato puro: il contrario esatto della padronanza, ossia l’abbandono, raggiunto il punto di escandescenza, un limite che è oltre il limite. “Si è a casa. Si è a casa ovunque sotto il cielo. Si è a casa dovunque su questa terra, se si porta tutto in noi stessi.”

In tutte le culture, in tutte le epoche, sono esistiti dei saggi che hanno rinunciato alle soddisfazioni immediate dell’esistenza o al benessere più elementare per entrare in contatto con la vita più nuda. Stoici, monaci cristiani, buddisti, śramana indù... Non si sono sradicati dalla condizione di benessere in conseguenza della ferocia di un determinato evento. Hanno abbandonato volontariamente l’inessenziale per provare l’essenziale, affermando così la loro fiducia nella vita, senza artifici né mediazioni. Nel più completo sacrificio di sé, hanno toccato il cuore stesso della vita. Il gesto di Etty Hillesum, partita volontariamente per il campo di Westerbork, la colloca in tale tradizione.

Quando la sfortuna si accanisce contro di noi o la vita ci ferisce, il loro esempio tanto radicale, a volte difficilmente concepibile, può esserci di aiuto.

Confidare nella vita quando si soffre di una delusione amorosa o di una ferita dell'ego vuol dire avere dentro di sé una forma di saggezza stoica.

Continuare a dirsi che la vita è una possibilità quando si è appena subita una sconfitta vuol dire approssimarsi alla saggezza epicurea.

Amare ancora la vita quando si è stati vittime della malvagità degli uomini o dell'ingiustizia di un sistema vuol dire avere in sé qualcosa di Etty Hillesum.

Sviluppare una capacità di recupero oppure risorse creative di fronte alle avversità vuol dire scorgere l'energia dello slancio vitale di Bergson.

Sentire all'improvviso, mentre si affronta una difficoltà, rinascere una gioia folle, sentire che si sarebbe capaci di amare questa vita quand'anche non ci desse nulla di quanto ci aspettiamo da lei, vuol dire attingere nel fondo di se stessi a quella fiducia primaria, abbeverarsi a quella fonte alla quale si abbeverano tutte le forme di fiducia.

Conclusione

Ho finito questo libro il giorno in cui è morta France Gall. Le radio continuavano a trasmettere *Il jouait du piano debout*:

Il jouait du piano debout
Quand les trouillards sont à genoux
Et le soldats au garde-à-vous
Simplement sur ses deux pieds
Il voulait être lui
Vous comprenez.[1]

La canzone, scritta da Michel Berger, è un inno alla fiducia. Anche se non lo dice, vi allude dall'inizio alla fine. Nutrire fiducia in se stessi vuol dire suonare il pianoforte stando in piedi, suonarlo in una maniera che ci somiglia,

[1] "Suonava il piano stando in piedi / mentre i fifoni se ne stanno in ginocchio / e i soldati sull'attenti. / Soltanto sui due piedi. / Voleva essere se stesso. / Capite."

che ci aiuta a liberarci, a esprimerci. Vuol dire camminare "su due piedi": uno piantato nella nostra zona di comfort, l'altro pronto ad avventurarsi all'esterno. Nutrire fiducia vuol dire far tacere il "fifone" che è in noi, quello che cade in ginocchio davanti alle norme e agli ostacoli, incapace di risollevarsi per dire sì alla vita. E far tacere anche il "soldato sull'attenti", quello che trova più facile obbedire agli ordini che obbedire al proprio desiderio.

Il jouait du piano debout
C'est peut-être un détail pour vous
Mais pour moi ça veut dire beaucoup
Ça veut dire qu'il était libre
Heureux d'être là avec nous.[2]

La sola vera libertà è la libertà di essere pienamente se stessi. Tutti noi possiamo suonare il pianoforte stando in piedi.

Quest'invito a liberarsi e ad ascoltarsi riproduce l'atto inaugurale della filosofia.

Socrate non fa altro che esortare gli interlocutori a pensare da soli, a darsi fiducia. E sa solo una cosa: sa di non sapere nulla... Come potrebbe liberare con maggior

[2] "Suonava il piano stando in piedi. / Forse per voi è un dettaglio / ma per me vuol dire molto. / Vuol dire che era libero, / felice di essere lì con noi."

efficacia i suoi discepoli? Non trasmette loro alcun sapere. Ma li libera dai loro complessi, dalle loro false opinioni...

Ventuno secoli dopo, Cartesio ci propone di armarci del nostro solo pensiero per rimettere in dubbio tutto ciò di cui non abbiamo certezza, e per ricostruire l'edificio del sapere su basi completamente nuove. Non esiste esperienza intellettuale più radicale. Cartesio ci chiede di riporre un'assoluta fiducia nel nostro ragionamento.

Riecheggiando Cartesio, Pascal ci esorta a voltare le spalle alle chiese e ai preti per incontrare, nella solitudine della nostra camera, nel segreto del nostro cuore, la verità di Dio. Nietzsche, viceversa, ci spiega che nel mondo senza Dio dobbiamo uscire dalla nostra camera, scalare le montagne e reinventare, come Zarathustra, il valore della nostra vita. Ma, in altra forma, si tratta dell'identico invito a confidare in noi stessi.

Un invito che ritroviamo in Kant, Diderot o d'Alembert, i quali, nel secolo dei Lumi, diranno: "Osa dare ascolto alla ragione. Non cercare fuori di te la norma di comportamento che sta esattamente dentro di te. Confida in te stesso. Confida nel tuo senso critico. È vero che conoscerai momenti di dubbio, perché è più difficile seguire la propria ragione che l'inclinazione dei pregiudizi. Ma è anche vero che solo così ti solleverai in alto."

La bellezza dell'azione della filosofia sta, io credo, proprio qui: nell'esortazione alla fiducia in se stessi. Ogni filosofo la esprime nel suo linguaggio, con i suoi concetti, perlopiù senza nominarla. Ma tutti ci esortano a impadronirci della nostra libertà, a essere all'altezza della nostra singolarità, ad aver fiducia nella nostra stella.

Ogni giorno, da ormai vent'anni, insegno filosofia nei licei. E la mia gioia più grande è vedere i miei alunni aprire gli occhi, argomentare e criticare, stupirsi e protestare, confidare nel proprio pensiero, nelle proprie intuizioni, anche nel proprio futuro: in una parola, in se stessi. Io parlo loro dei filosofi che decantano la fiducia ma al tempo stesso elogiano il dubbio, una sorta di non tranquillità, di salutare inquietudine. E loro capiscono benissimo. Capiscono d'istinto anche la lezione dei grandi mistici: se non esistesse il dubbio, non si potrebbe confidare in se stessi.

Aver fiducia in se stessi non vuol dire essere sicuri di sé. Vuol dire trovare il coraggio di affrontare l'incerto anziché fuggirlo. Trovare nel dubbio, malgrado tutto, la forza di prendere lo slancio.

Appendice
Le opere che hanno fatto questo libro

Introduzione

Nietzsche, Friedrich, *Così parlò Zarathustra*, 1891. È qui che compare il famoso richiamo "diventa ciò che sei"; un magistrale invito alla fiducia in se stessi, nella propria soggettività.

Bobin, Christian, *Donne-moi quelque chose qui ne meurt pas*, 1996. Attraverso un'antologia di testi riveduti e corretti di Christian Bobin, ma anche molte fotografie di Édouard Boubat, si scopre che la fiducia in se stessi è al tempo stesso fiducia in ciò che ci trascende.

Norman, Philip, *John Lennon, la biografia*, 2009. Una biografia di una delle maggiori pop star del XX secolo che ci permette di valutare in quale misura la fiducia sia una conquista e comunque mai un dono innato.

Emerson, Ralph Waldo, *Fiducia in se stessi*, 1841, in *Natura e altri saggi*, 1841-1844. L'unica vera opera di un filosofo sulla fiducia in se stessi, firmata da un autore americano del XIX secolo che ha molto influenzato Nietzsche. Un piccolo gioiello letterario e insieme un elogio dell'intuizione.

BERGSON, HENRI, *L'evoluzione creatrice*, 1907, e *L'energia spirituale*, 1919. Due classici della filosofia del XX secolo, in cui si scopre che la fiducia in se stessi può anche essere una fede nella creatività operante nel vivente.

CYRULNIK, BORIS, *I brutti anatroccoli*, 2001, e *Les nourritures affectives*, 1993. Il neuropsichiatra dimostra come non sia mai troppo tardi per trovare o ritrovare la fiducia, tessere o ritessere le relazioni che ci consentono di credere in noi, nella nostra felicità.

LACAN, JACQUES, *Scritti*, 1966. Un testo difficile del grande psicoanalista francese, che ci aiuta comunque a comprendere che il problema della fiducia va posto in rapporto con il reale, l'immaginario e il simbolico.

1. *Coltivate i legami giusti*

ARISTOTELE, *La politica*, IV secolo a.C. Uno dei libri più importanti della storia della filosofia. Per capire che l'uomo è un animale politico in quanto essere incompiuto: per questo motivo cerca di costruire la propria fiducia nella sua relazione con gli altri.

ARISTOTELE, *Etica nicomachea*, IV secolo a.C. L'amicizia vi è definita, con una felice formula, come uno stimolo a ricercare la lezione dei maestri. Per gli animali umani che noi siamo, la fiducia non si conquista da soli.

FREUD, SIGMUND, *Essais de psychanalyse*, 1927, e *Introduzione alla psicoanalisi*, 1916-1917. Il quadro teorico fondamentale per comprendere le teorie dell'attaccamento allo stato infantile e il bisogno di "sicurezza interiore": tutte nozioni che acquistano significato a partire da quella di "angoscia infantile" sviluppata da Freud.

LACAN, JACQUES, *Lo stadio dello specchio*, in *Scritti*, 1966. Un testo molto breve ma denso e fondamentale, di una forza inaudita, da leggere e rileggere per valutare in quale misura ogni fiducia cerchi se stessa nello sguardo dell'altro. Impossibile, dunque, che la fiducia sia semplice fiducia in "se stessi".

TRUFFAUT, FRANÇOIS, *Il ragazzo selvaggio*, 1970. Un classico del cinema, che mette in scena l'impossibilità di divenire umano di un bambino escluso dalle relazioni con altri umani.

KANT, IMMANUEL, *La pedagogia*, 1776. Il grande filosofo tedesco della fine del XVIII secolo vi spiega come una buona educazione si valuti in base al grado di autonomia ottenuta. Essere educati bene significa non aver più bisogno di chi ci ha educati. Per cui la fiducia in se stessi diventa fiducia nel proprio giudizio personale, nella propria ragione autonoma.

BOWLBY, JOHN, *Costruzione e rottura dei legami affettivi*, 1979, e *Attaccamento e perdita*, 1969. Lo psichiatra e psicoanalista britannico ha pubblicato opere decisive sulle teorie dell'attaccamento e sul bisogno di "sicurezza interiore": testi di riferimento, in particolare, per Boris Cyrulnik.

DESTIVELLE, CATHERINE – DECAMP, ÉRIK, *Annapurna, duo pour un 8000*, 1994. I due grandi alpinisti mostrano, nella loro testimonianza, come la fiducia in se stessi sia inscindibile dalla fiducia nell'altro. È la bella metafora della cordata.

MONTESSORI, MARIA, *Il segreto dell'infanzia*, 1936, e *La mente del bambino. Mente assorbente*, 1949. Per capire il metodo

Montessori attingendo alla sua fonte con due opere in cui la pedagoga italiana difende un metodo educativo fondato sulla fiducia accordata al bambino, sulla benevolenza, sull'educazione alla sua creatività e alla sua libertà.

Dufourmantelle, Anne, *Puissance de la douceur*, 2013. Sotto la penna raffinata della psicoanalista francese, si scopre che non esiste mai vera mancanza di fiducia "in se stessi": il deficit deriva sempre, in primo luogo, da una mancanza di fiducia nell'altro.

Filliozat, Isabelle, *Fidati di te*, 2005. Per la pertinenza dello sguardo di una psicologa contemporanea e la ricchezza di casi psicologici frutto della sua pratica clinica svolta nell'arco di parecchi decenni.

2. *Allenatevi*

Gladwell, Malcolm, *Fuoriclasse. Storia naturale del successo*, 2008. In questo libro molto istruttivo malgrado il titolo ridicolo, il giornalista del "New Yorker" conduce un'inchiesta appassionante sul modo in cui una competenza può trasformarsi in fiducia.

Husserl Edmund, *Meditazioni cartesiane*, 1931. In questa introduzione alla fenomenologia di uno dei maggiori filosofi del XX secolo si può leggere che "ogni coscienza è coscienza di qualcosa". Per cui anche la fiducia è innanzitutto una fiducia in quel sé in grado di realizzare qualcosa.

Eraclito, *Frammenti*, VI secolo a.C. "Non ci si bagna mai due volte nello stesso fiume," vi afferma il filosofo presocratico.

La fiducia non può dunque essere mera padronanza: deve darci la forza di accogliere l'imprevisto.

NIETZSCHE, FRIEDRICH, *Così parlò Zarathustra*, 1891. Ancora, in particolare per il grottesco personaggio del Coscienzioso, perfetta incarnazione della chiusura mortifera dentro una singola competenza.

NIETZSCHE, FRIEDRICH, *Seconda considerazione inattuale*, 1876. Per scoprire come il rapporto con il sapere possa liberarci, darci fiducia, e non rinchiuderci.

NIETZSCHE, FRIEDRICH, *La gaia scienza*, 1882. Per accostarsi più da vicino alla filosofia salvifica del "grande sì alla vita".

VERNANT, JEAN-PIERRE, *Le origini del pensiero greco*, 1962. In particolare per il modo in cui il maggiore dei grecisti francesi affronta la figura di Efesto: solo lavorando alla fucina si diventa fabbri…

DELESSERT, EMMANUEL, *Oser faire confiance*, 2015. Dove è brillantemente mostrato, da parte di un giovane filosofo francese, come la fiducia in se stessi non sia la semplice rassicurazione.

3. *Ascoltatevi*

KANT, IMMANUEL, *Critica del giudizio*, 1790. Nella sua terza magistrale critica (dopo la *Critica della ragion pura*, 1781, e la *Critica della ragion pratica*, 1788), il filosofo tedesco definisce il sentimento del bello come "gioco libero e armonioso delle facoltà umane". L'esperienza estetica è un momento di presenza a se stessi. Non esiste vera fiducia in se stessi senza una tale capacità di ascoltarsi.

KANT, IMMANUEL, *Che cos'è l'Illuminismo?*, 1784. È la capacità di "osare servirsi della propria intelligenza", spiega Kant nella sua breve risposta. Confidare in se stessi significa confidare nella propria ragione.

EMERSON, RALPH WALDO, *Fiducia in se stessi*, 1841, in *Natura e altri saggi*, 1841-1844. Tra questi saggi, oltre a *Fiducia in se stessi*, è presente anche *Natura.* Ascoltarsi vuol dire imparare a dare ascolto alla propria intuizione, "quel barlume di luce che ci guizza dentro la mente come un lampo."

SAINT-EXUPÉRY (DE), ANTOINE, *Il Piccolo principe*, 1943. Dove è possibile scoprire, enunciata dalla volpe, una bellissima argomentazione a favori dei riti o dei rituali. Senza i quali, come faremmo ad ascoltarci?

BERGSON, HENRI, *Pensiero e movimento*, 1934. Una raccolta di testi che costituisce la migliore introduzione possibile alla filosofia di Bergson. Uno di essi riguarda l'intuizione.

NIETZSCHE, FRIEDRICH, *Frammenti postumi*, 1901. Il filosofo vi esprime la propria ammirazione per l'autore di *Fiducia in se stessi*: "Emerson. Mai libro, finora, mi ha dato la sensazione di essere a casa mia, di abitare la mia stessa dimora – non posso farne l'elogio, mi è troppo affine."

MIDAL, FABRICE, *Comprendre l'art moderne*, 2010. Dove il filosofo e insegnante, in una fase di meditazione, ci mostra, con acutezza e con esempi appropriati, come imparare a guardare le opere del XX secolo sia un modo d'imparare ad ascoltarsi.

4. *Meravigliatevi*

BAUDELAIRE, CHARLES, *Curiosità estetiche*, 1868. È qui che il poeta giustifica l'affermazione secondo la quale "il bello è sempre bizzarro." Non è forse strano il potere che la bellezza ci trasmette? Ci spinge infatti ad ascoltarci, a confidare in noi stessi.

KANT, IMMANUEL, *Critica del giudizio*, 1790. Nel capitolo 4 di questo volume ritorna il classico testo kantiano perché si discute del modo, anche qui "strano", in cui l'armonia della natura esteriore riesce a creare un'armonia all'interno della nostra soggettività, a placare il conflitto interiore e ad autorizzare una piena fiducia nel libero giudizio.

THOREAU, HENRY DAVID, *Walden ovvero La vita nei boschi*, 1854. Nel suo capolavoro, H.D. Thoreau, che è amico di Emerson, racconta il suo ritiro in una capanna in riva a un lago del Massachusetts e sviluppa una profonda riflessione sul legame che unisce uomo e natura. Si capisce perché una passeggiata in mezzo alla natura può aiutarci a ritrovare la fiducia perduta.

JANSSEN, JEAN-PAUL, *La vie au bout des doigts*, 1982. Questo sublime documentario sull'alpinista Patrick Edlinger offre una perfetta illustrazione degli effetti della bellezza della natura sulla fiducia in se stessi.

MARCO AURELIO, *Pensieri*, II secolo d.C. Il filosofo e imperatore stoico vi celebra l'energia cosmica operante nell'equilibrio del mondo. Come non aver fiducia quando si vive in mezzo a una tale armonia?

HUGO, VICTOR, *Le canzoni delle strade e dei boschi*, 1865. Nella poesia *La natura è piena d'amore*, la natura sembra ricca di una vita la cui pienezza basta a trasmetterci e inculcarci fiducia.

BERGSON, HENRI, *L'evoluzione creatrice*, 1907. È qui che Bergson sviluppa la sua filosofia dello "slancio vitale", una spontaneità creatrice che alimenta l'evoluzione del vivente, e che ci abita quando siamo inventivi, liberi, fiduciosi.

CHENG, FRANÇOIS, *Cinque meditazioni sulla bellezza*, 2006. Una delicata riflessione sui poteri della bellezza: "La bellezza è qualcosa che, virtualmente, è lì da sempre, un desiderio che scaturisce dall'interno degli esseri, o dell'Essere, come una fonte inesauribile."

JULLIEN, FRANÇOIS, *Quella strana idea del bello*, 2010. Il filosofo e sinologo mostra come la bellezza possa renderci più presenti al mondo: "Il bello è qui, come un blocco erratico in pieno disincanto del mondo, come ciò che ci resta del tempo degli dei."

PÉPIN, CHARLES, *Quand la beauté nous sauve*, 2013. Ho pubblicato questo saggio che avrei potuto intitolare *Quando la bellezza ci salva dalla crisi di fiducia*… Il capitolo 4 di questo nuovo volume sviluppa alcune riflessioni contenute nel saggio del 2013.

5. *Decidete*

SENECA, *Lettere a Lucilio*, I secolo d.C. In questo capolavoro del grande filosofo stoico, costituito da 124 lettere, si trovano tutti i grandi temi della sapienza stoica, tra i quali una vera e propria apologia della decisione: "Talvolta sopravvengono imprevisti che esigono una pronta decisione, per cui è a lei che dobbiamo appellarci." A "lei", vale a dire alla filosofia. Confidare in se stessi significa imparare a decidere.

PASCAL, BLAISE, *Pensieri*, 1670. "Dio non si dimostra, si sperimenta", scrive l'apologeta del cristianesimo. Dove si comprende in quale misura la fiducia in se stessi possa essere al tempo stesso una fiducia che vada oltre se stessi.

KIERKEGAARD, SØREN, *Diario del seduttore*, 1843, *Timore e tremore*, 1843, *Postilla conclusiva non scientifica alle Briciole di filosofia*, 1846. In queste tre importanti opere del filosofo esistenzialista danese la fede è rappresentata come un "salto" al di là della ragione, una pura decisione e non una scelta razionale. Occorre una piena fiducia in se stessi per osare decidere nell'incertezza: per osare darsi fiducia nel dubbio.

SARTRE, JEAN-PAUL, *L'esistenzialismo è un umanismo*, 1946. Una breve conferenza, nella quale si evidenzia chiaramente il nesso tra la fede nella libertà e la capacità di decidere. La fiducia in sé, per un esistenzialista, è prima di tutto una fiducia nella propria libertà.

SARTRE, JEAN-PAUL, *L'essere e il nulla*, 1943. Un testo lungo e difficile, in cui si mostra come l'angoscia relativa all'azione non sia altro che "l'acquisizione riflessiva della libertà da sola", in termini più semplici un indicatore della nostra libertà. La decisione di agire consente di superare l'angoscia e di valutare il nostro grado di libertà.

6. *Mettete le mani in pasta*

CRAWFORD, MATTHEW, *Il lavoro manuale come medicina dell'anima*, 2009. Un libro sorprendente, che mescola teoria e percorso di vita, scritto da un laureato in filosofia che racconta come abbia ritrovato la fiducia… riparando motociclette.

ARISTOTELE, *Etica nicomachea*, IV secolo a.C. Secondo Aristotele, ciascuno dovrebbe avere un lavoro che gli permetta di raggiungere la perfezione, acquisendo così fiducia in se stesso.

ARISTOTELE, *Le parti degli animali*, IV secolo a.C. È in quest'opera che Aristotele vede nella mano il prolungamento dell'intelligenza umana. Non facendo più nulla con le mani, rischiamo di essere amputati di una parte di noi stessi.

MARX, KARL, *Manoscritti economico-filosofici del 1844*, 1932. Marx critica il lavoro nell'ambito di un'economia capitalista ma non il lavoro tout court. Scrive anche bellissime pagine sulle condizioni ideali di un lavoro che non sarebbe né sfruttamento né alienazione, bensì occasione di una realizzazione di sé, di uno sviluppo della propria personalità, in sostanza, di una vera fiducia in se stessi.

HEGEL, GEORG WILHELM FRIEDRICH, *Fenomenologia dello spirito*, 1807. Nella sua "dialettica del padrone e del servo", Hegel mostra in particolare in quale misura abbiamo bisogno di un riconoscimento e di un contatto vero con le cose per acquisire fiducia in noi stessi, nel nostro valore, e per costruire la nostra felicità.

BERGSON, HENRI, *L'evoluzione creatrice*, 1907. Bergson definisce l'uomo come *homo faber* più che come *homo sapiens*: "L'intelligenza, considerata in ciò che pare costituirne il tratto originale, è la facoltà di fabbricare oggetti artificiali e, in particolare, utensili per fare utensili, e di variarne indefinitamente la fabbricazione." Posto che la nostra natura intrinseca è dunque quella di essere un *homo faber*, possiamo comprendere in quale misura la crisi di fiducia possa avere il sopravvento quando non "facciamo" nulla: dobbiamo ritrovare il "fare" se vogliamo ritrovare fiducia.

SERRES, MICHEL, *Pantopie, de Hermes à Petite Poucette. Entretiens avec Martin Legros et Sven Ortoli*, 2014. Dove si tratta in particolare della scomparsa del mondo contadino e di tutto ciò che una tale scomparsa comporta.

CHARPAK, GEORGES (sotto la direzione di), *La Main à la pâte. Les sciences à l'école primaire*, 1996. Il premio Nobel per la fisica mostra nel libro come esperimenti ingegnosi e concreti (scoprire la temperatura di ebollizione dell'acqua, apprendere il principio di galleggiamento, vedere l'aria che si respira, fabbricare una clessidra...) consentano ai bambini non solo di familiarizzare meglio con le scienze, ma anche, e forse soprattutto, di sviluppare la loro personalità, di acquisire fiducia in se stessi.

7. *Passate all'azione*

ALAIN, *Propositi di felicità*, 1928. Dove si trova una vera filosofia dell'azione: l'azione non è seconda rispetto al pensiero, ma ha il suo stesso valore, la sua verità.

HEGEL, GEORG WILHELM FRIEDRICH, *Fenomenologia dello spirito*, 1807. Anche lo Spirito ha bisogno di agire per sapere chi è. Anche Dio deve passare all'azione per essere sicuro del proprio valore... E così è per gli individui che noi siamo: non dobbiamo aspettare di avere piena fiducia in noi stessi per agire, bensì agire per acquisire fiducia in noi stessi.

MARCO AURELIO, *Pensieri*, I secolo d.C. Dove si scopre che l'idea di destino non impedisce affatto un'apologia dell'azione. Agire non vuol dire pensare che tutto dipenda da noi. Vuol dire agire su quanto dipende da noi sapendo anche accettare ciò che non dipende da noi. La fiducia in se stessi non è presunzione. È insieme umiltà e fiducia allargata. Umiltà perché non tutto dipende da noi. Fiducia allargata perché, agendo, confidiamo anche in ciò che non dipende da noi, in ciò che la nostra azione può mettere in movimento.

SARTRE, JEAN-PAUL, *La trascendenza dell'Ego*, 1936. Il valore dell'Io non è in lui ma fuori di lui, nel mondo che esso conquista agendo, nelle relazioni con gli altri che l'azione gli permette di creare. Dobbiamo uscire da noi stessi, uscire dal nostro ambito, se vogliamo acquisire fiducia in noi stessi.

8. *Ammirate*

FREUD, SIGMUND, *Il disagio della civiltà*, 1930. In questo breve e magistrale testo, Freud mostra come ciò che è buono per la società (la norma) non sia buono per l'individuo (per l'espressione della sua singolarità). Da qui il "disagio". E allora come acquisire fiducia nella propria soggettività in una società della norma? Ammirando determinate individualità – possiamo rispondere con Nietzsche – che hanno osato diventare se stesse malgrado il condizionamento della norma.

CRÉPU, MICHEL, *L'Admiration. Contre l'idolâtrie*, 2017. L'idolatria sminuisce l'idolatra, mentre l'ammirazione eleva l'ammiratore. Un saggio contemporaneo firmato da un critico letterario molto erudito.

9. *Rimanete fedeli al vostro desiderio*

SPINOZA, BARUCH, *Etica*, 1677. Dove la gioia viene definita "il passaggio da una minore a una maggiore perfezione", gioia di progredire, di svilupparsi, che ci allontana dalla tentazione del confronto, vero e proprio veleno per la fiducia in se stessi.

STORR, ANTHONY, *Solitudine. Il ritorno a se stessi*, 1988. Bellissimo saggio nel quale lo psicoanalista junghiano difende le virtù della solitudine (non dell'isolamento) per la costruzione della propria singolarità, l'ascolto del proprio desiderio, lo sviluppo della propria immaginazione o creatività. Quando siamo ciò che siamo, siamo soli tutti quanti: siamo tutti dei diamanti solitari. Occorre prenderne coscienza per acquisire fiducia in noi stessi.

LACAN, JACQUES, *Il seminario. Libro VII, L'etica della psicoanalisi*, 1959-1960. È il seminario in cui Lacan approfondisce l'idea della fedeltà al proprio desiderio. Tutti noi abbiamo *dei* desideri. Ma è al *nostro* desiderio che dobbiamo essere fedeli: al suo asse inconscio, al suo "affare", come dice Lacan, alla sua coerenza segreta. In caso contrario, restiamo tagliati fuori da noi stessi, e un tale senso di colpa impedisce la fiducia in noi stessi, oppure ci porta alla depressione. La fiducia in se stessi è la fedeltà a "se stessi": al proprio desiderio o alla sua ricerca.

OMERO, *Odissea*, VIII secolo a.C. Un'attenta lettura del classico greco ci mostra come Ulisse incarni l'eroe che conosce se stesso, che resta fedele al proprio desiderio malgrado le tentazioni e i sortilegi cui va incontro. Ulisse ha fiducia in se stesso perché sa qual è il suo vero desiderio.

10. *Confidate nel mistero*

LUCREZIO, *La natura delle cose*, I secolo a.C. Questo sublime poema dà modo al lettore di avvicinarsi al mistero della contingenza del mondo, del miracolo della nostra esistenza. Confidare in se stessi vuol dire, in primo luogo, essere consapevoli dell'opportunità che abbiamo di essere usciti dal nulla per realizzare la nostra esistenza.

BERGSON, HENRI, *L'energia spirituale*, 1919. Nell'opera che è probabilmente la più importante della sua bibliografia, Bergson definisce la Vita come slancio vitale, misteriosa forza spirituale nel cuore della materia. La fiducia in se stessi è fiducia in tale creatività, che si fa strada non solo quando noi l'autorizziamo; si fa strada, in particolare, quando usciamo dalla ripetizione e dall'abitudine.

HUSSERL, EDMUND, *Idee per una fenomenologia pura e una filo-*

sofia fenomenologica, 1913. Husserl, in quest'opera tarda, sviluppa la bella idea di una "fiducia originaria" nel mondo. Nascere vuol dire essere affidati al mondo. E ricevere in cambio una fiducia originaria nel mondo stesso. La fiducia in sé si fonda su una tale fiducia originaria nel mondo.

MERLEAU-PONTY, MAURICE, *Il visibile e l'invisibile*, 1964, e *Fenomenologia della percezione*, 1945. Secondo il fenomenologo francese, come secondo Husserl, noi siamo nel mondo, compresi nel suo "tessuto", nella sua "carne". Non esiste fiducia in se stessi senza questa sensazione di abitare il mondo, di sentirsi a casa propria nel mondo.

BOBIN, CHRISTIAN, *Consumazione*, 2006, e *Les ruines du ciel*, 2009. In questo mistico cristiano, prosatore stupefatto, capace di vedere la bellezza nelle cose più semplici del quotidiano, la fiducia in se stessi è fiducia in una vita in cui ogni microparticella è illuminata dal breve passaggio di Gesù sulla terra. La fiducia in se stessi è sempre e al tempo stesso, come in Emerson, fiducia in ciò che è più grande di noi.

QUIGNARD, PASCAL, *La vita segreta*, 1998. Un bel romanzo in cui il poeta, romanziere e saggista, premio Goncourt 2002 per *Les Ombres errantes*, scrive: "È da dentro di noi che viene la disfatta. Nel mondo esterno non esiste disfatta. La natura, il cielo, la notte, la pioggia, i venti non sono che un lungo trionfo cieco." Il trionfo di una vita misteriosa nella sua esistenza come nella sua perseveranza. Acquisire fiducia in se stessi vuol dire accostarsi il più possibile a questo mistero, a questo trionfo.

LEIRIS, ANTOINE, *Non avrete il mio odio*, 2016. Nel racconto, scritto da un uomo che ha perduto la moglie nella strage del Bataclan il 13 novembre 2015 e che deve crescere da solo il loro bambino, la fiducia nella vita resiste alla morte, all'ingiustizia e all'odio. Anzi, a tratti, sembra persino una risposta all'odio medesimo.

HILLESUM, ETTY, *Diario 1941-1943*, 1981. Questo diario, tenuto da una giovane ebrea olandese deportata e assassinata ad Auschwitz nel 1943, è un capolavoro che trasmette l'idea di una fiducia nella vita che perdura fin dentro i campi di concentramento. Perché noi siamo viventi, e tutti noi nutriamo in noi stessi, in un modo o in un altro, una simile fiducia nella vita. La fiducia in se stessi sgorga da una tale sorgente.

Indice dei nomi

Agostino, santo, 161
Alain, 111, 118
Alembert, Jean-Baptiste le Rond, detto d', 169
Alessandro Magno, 131
Allende, Isabel, 116
Archimede, 35, 44
Aristotele, 17, 26-27, 29, 60, 107-109
Ashe, Arthur, 24-25, 132

Bachelard, Gaston, 99
Balzac, Honoré de, 123
Baudelaire, Charles, 75
Beatles, The, 39-40
Berger, Michel, 167
Bergson, Henri, 15, 70, 81, 109, 146, 150-151, 165
Bobin, Christian, 13, 145, 149-150, 153
Bowie, David, 76, 132
Bowlby, John, 21
Brautigan, Richard, 132

Camus, Albert, 60
Cartesio, Renato (René Descartes), 60, 169
Carver, Raymond, 132
Cézanne, Paul, 152-153
Chateaubriand, François-René de, 123
Chopin, Frédéric, 124
Coué, Émile de la Châtaigneraie, 154
Crawford, Matthew, 99-103, 109
Cyrulnik, Boris, 15, 18, 21

Decamp, Érik, 27-28, 30
Delacroix, Eugène, 131
Delessert, Emmanuel, 54
Destivelle, Catherine, 28
Diderot, Denis, 169
Dijan, Philippe, 132
Dorval, Marie, 127, 131
Dudevant, barone, 124
Dufourmantelle, Anne, 31

Dupin, Aurore, *vedi* Sand, George
Dupin, Louise, 127, 131

Eckhart, Meister, 161
Edison, Thomas, 41
Edlinger, Patrick, 12, 15, 83
Emerson, Ralph Waldo, 15, 57, 65, 71-72, 78, 80-81, 96, 100, 104, 138, 150
Epicuro, 147
Eraclito, 47
Ericsson, Anders, 37-39, 41

Federer, Roger, 43
Flaubert, Gustave, 128, 130-131
Flynn, Christopher, 22-23
Freud, Sigmund, 18, 129

Gall, France, 167
Gandhi, Mohandas Karamchanda, 96
Gaulle, Charles de, 96, 156
Gesù Cristo, 146, 149
Gladwell, Malcolm, 37, 39-42
Goya y Lucientis, Francisco José, 132
Graf, Steffi, 36

Hegel, Georg Wilhelm Friedrich, 60-61
Hillesum, Etty, 146, 161, 164-165
Hugo, Victor, 123
Husserl, Edmund, 44, 146, 151-152

James, LeBron, 43
Jung, Carl Gustav, 161

Kahlo, Frida, 132
Kant, Immanuel, 60, 69, 75, 169, 176
Kierkegaard, Søren, 92-93, 153
King, Martin Luther, 96

Lacan, Jacques, 15, 19, 133, 135, 141
Leiris, Antoine, 158, 160
Lempicka, Tamara de, 132
Lennon, John, 15, 40, 76
Leroux, Pierre, 125, 128, 131
Levitin, Daniel, 41
Liszt, Franz, 132
Lucrezio, Tito Caro, 147

Madonna (Louise Veronica Ciccone), 12, 15, 22-25, 35, 132
Manceau, Alexandre, 124
Manet, Édouard, 132
Marco Aurelio, 17, 113, 115
Marx, Karl, 107
McCartney, Paul, 40
Mérimée, Prosper, 124, 131
Merleau-Ponty, Maurice, 146, 152-153

Miller, Henry, 132
Montessori, Maria, 28
Mozart, Amedeus Wolfgang, 39, 42, 76
Musset, Alfred de, 123-24

Napoleone III, 131
Neruda, Pablo, 116
Nietzsche, Friedrich Wilhelm, 15, 48-50, 61, 71, 123, 131-132, 138-139, 169
Noah, Yannick, 24-25, 132

Pascal, Blaise, 92, 169
Picasso, Pablo, 132
Platone, 60
Proust, Marcel, 60

Queuille, Henri, 94

Rollins, Sonny, 38
Rothko, Mark, 79
Rousseau, Jean-Jacques, 127

Sagan, Françoise, 77
Sainte-Beuve, Charles-Augustin, 123
Saint-Germain, Marc-Antoine de, 156
Sandeau, Jules, 124
Sand, George (Aurore Dupin), 15, 123-128, 130-131, 134
Sartre, Jean-Paul, 60, 70, 121, 125
Schopenhauer, Arthur, 132
Schubert, Franz, 77
Seneca, Lucio Anneo, 85, 113
Serres, Michel, 104
Socrate, 168
Spier, Julius, 161
Spinoza, Baruch, 60, 140
Staël-Holstein, Anne-Louise-Germaine Necker, baronessa di, 123

Thoreau, Henry David, 73, 80
Truffaut, François, 20
Tyson, Mike, 132

Velázquez, Diego, 132
Verlaine, Paul, 60

Wagner, Richard, 132
Weber, Max, 72
Williams, Serena, 15, 35-37, 39, 42-43, 45, 47-48, 50
Williams, Venus, 35-36
Wittgenstein, Ludwig, 89
Woods, Tiger, 43